Tom Kocher

Selbstwert

Tom Kocher

Selbstwert

Die Suche nach dem Ursprung

Fromm Verlag

Impressum / Imprint
Bibliografische Information der Deutschen Nationalbibliothek: Die Deutsche Nationalbibliothek verzeichnet diese Publikation in der Deutschen Nationalbibliografie; detaillierte bibliografische Daten sind im Internet über http://dnb.d-nb.de abrufbar.

Bibliographic information published by the Deutsche Nationalbibliothek: The Deutsche Nationalbibliothek lists this publication in the Deutsche Nationalbibliografie; detailed bibliographic data are available in the Internet at http://dnb.d-nb.de.

Coverbild / Cover image: www.ingimage.com

Verlag / Publisher:
Fromm Verlag
ist ein Imprint der / is a trademark of
OmniScriptum GmbH & Co. KG
Heinrich-Böcking-Str. 6-8, 66121 Saarbrücken, Deutschland / Germany
Email: info@frommverlag.de

Herstellung: siehe letzte Seite /
Printed at: see last page
ISBN: 978-3-8416-0582-5

Inhaltsverzeichnis

1. Einleitung

1.1 Motivation zur Themenwahl

„Ich bin wertvoll!" Ein kurzer Satz, der schnell einmal gesagt ist. Aber wenn wir ganz ehrlich mit uns selber sind, wie oft fühlen wir uns wirklich so? Wenn ich an meine Kindheit zurück denke, dann finde ich viele Momente wo ich mich genau so fühlte. In meiner kindlichen Welt war ich Winnetou, schoss das entscheidende Tor im WM-Finale und galt als der grösste Erfinder in der Neuzeit. Ich glaubte an mich, an meine Träume und daran, dass ich eine entscheidende Rolle auf dieser Welt einnehmen würde. Doch obwohl ich schier übermenschliche Kräfte besass, brauchte ich ein zu Hause, Eltern die mir Geborgenheit, Liebe und Vertrauen entgegen brachten. Meine Kindheit war geprägt von diesen Begriffen und mein Selbstwert schien unantastbar.
Ich hatte mich getäuscht! Wer hätte gedacht, dass es in der heutigen Zeit kaum noch Indianer gibt, mich die Nationalmannschaft doch nicht so dringend benötigt und die Sache mit dem Erfinden gar nicht so einfach ist wie es früher schien. Als ich den Weg in diese Welt hinaus antrat und mein Elternhaus Schritt für Schritt hinter mir liess, verlor ich auch immer mehr meine Überzeugung wertvoll zu sein. Irgendwo unterwegs musste mir ein Fehler unterlaufen sein. Oder was konnte sonst der Grund für meine plötzlichen Zweifel an meinem eigenen Wert sein?
Nach einer schwierigen Jugendzeit, wo ich mich auf die Suche nach meiner Identität und damit auch nach meinem Wert machte, lernte ich schliesslich Gott kennen. Und ich erlebte durch Ihn plötzlich wieder neu, wie wertvoll ich eigentlich bin. Das führte mich auf Umwegen schlussendlich dazu, dass ich heute Sozialpädagoge in Ausbildung bin. In meiner Arbeit begegne ich nun selber immer wieder Menschen die sich fragen „bin ich wertvoll?", und ein vernichtendes Urteil über sich selber fällen.

Und genau darum möchte ich mich mit „dem Selbstwert" auseinander setzen. Ich erlebe in meinem beruflichen Alltag immer wieder, wie Kinder und Jugendliche verzweifelt auf der Suche nach einer Antwort auf diese Frage sind. Trotz vielen Bemühungen ihnen mehr Selbstvertrauen zu geben und ihren Selbstwert zu stärken, muss ich immer wieder feststellen, dass meine Arbeit kaum Frucht bringt und ich mit meinen Bemühungen nur an der Oberfläche der Probleme kratze. Diese Menschen sind in ihrem Leben oftmals schon so tief verletzt worden, dass es ihn schwer fällt, daran zu glauben, dass sie gut sind, so wie sie sind. Ich habe aber in meinem eigenen Leben erfahren, wie viel sich durch die Annahme meiner Selbst verändern kann und deswegen möchte ich herausfinden, wie andere Menschen ebenfalls lernen können sich selber so an zu nehmen, wie sie sind.

1.2 Problemstellung

Unser Selbstwert scheint nach meinem bisherigen Erleben zu einem grossen Teil abhängig von den Reaktionen und der Bewertung unserer wichtigsten Bezugspersonen zu sein. Insbesondere die Eltern oder die erziehenden Personen nehmen da natürlich eine gewichtige Rolle ein, weil sie uns am nächsten sind. Ihr Urteil über uns ist daher sehr entscheidend, wie sich unser Selbstwert entwickelt. Im Kleinheim Christhof stammen praktisch alle Klienten und Klientinnen aus schwierigen Elternverhältnissen. Sie haben in ihrer Kindheit auf verschiedene Arten Ablehnung durch ihre Eltern erfahren und fühlen sich oftmals nicht sehr wertvoll. Vielfach erlebe ich, wie diese Kinder und Jugendlichen unter ihrem geringen Selbstwertgefühl leiden und dies auch auf die Bewältigung vieler anderer Lebensaufgaben einen negativen Einfluss hat. In unserer Institution versuchen wir unsere Kinder und Jugendlichen durch Erfolgserlebnisse in verschiedenen Bereichen (Sport, Erlebnispädagogik, kreative Elemente, usw.) in ihrem Selbstwert zu stärken. Das scheint aber meistens nicht sehr erfolgreich zu sein. Es fällt mir immer wieder auf, dass unser Klientel trotz vielen positiven Erlebnissen kaum an Selbstbewusstsein und Selbstwert gewinnt. Und manchmal braucht es nur ein negatives Erlebnis und alle Vorarbeit ist wie weg gewischt. Im Gegenzug beobachte ich, wie einfache und unscheinbare Erlebnisse und Aussagen, welche in der Beziehung zu den Kinder und Jugendlichen gemacht werden, viel grössere Auswirkungen auf den Selbstwert zu haben scheinen. Deswegen bin ich zu der Überzeugung gelangt, dass der Selbstwert unserer Kinder und Jugendlichen auf einer tieferen Ebene gebildet werden muss. Und um diese tiefere Ebene soll es in meiner Diplomarbeit gehen. Ich will herausfinden, wie der Selbstwert entsteht und wo sein Ursprung liegt. Meine Erkenntnisse aus diesen Nachforschungen möchte ich dann in der Praxis um zu setzen versuchen oder zumindest Ansätze haben, wie wir als Institution Selbstwert auf einer tieferen Ebene bilden können.

1.3 Fragestellungen

Die folgenden Fragestellungen sollen mir dabei helfen, meiner Diplomarbeit eine Richtung vor zu geben. Mein Ziel ist es, am Ende dieser Arbeit die Entwicklung zu einem gesunden Selbstwert besser zu verstehen und meine Arbeitsweise an die gefundenen Erkenntnisse entsprechend an zu passen.

1.3.1 Wo liegt der Ursprung von Selbstwert?

Bevor ich Ansätze zur Selbstwertbildung entwickeln kann, brauche ich irgendwo einen Punkt, wo ich mit meinen Überlegungen ansetzen kann. Dieser Punkt ist für mich der Ursprung des Selbstwertes, nach dem ich mich auf die Suche machen will. Habe ich eine solche Basis gefunden, bietet sie eine wichtige Grundlage für den weiteren Verlauf meiner Arbeit.

1.3.2 Was sind fördernde/hemmende Faktoren der Selbstwertentwicklung?

Sollte ich in meiner Suche nach dem Ursprung des Selbstwertes kein Ziel finden, so werde ich im Laufe meiner Arbeit sicher immer wieder auf Faktoren stossen, die entweder fördernd oder hemmend auf die Selbstwertentwicklung einwirken. Diese möchte ich aus der verarbeiteten Theorie heraus kristallisieren.

1.3.3 Wie kann Selbstwert gestärkt werden?

Die Stärkung des Selbstwerts ist wesentlich mit den fördernden und hemmenden Faktoren in der Selbstwertentwicklung verbunden. Als Mitarbeitende in einer Sozialen Institution können wir aber nicht alle Faktoren unseres Klientel beeinflussen. Die Frage ist also, wie und wo wir mit den uns zur Verfügung stehenden Mittel den Selbstwert unserer Kinder und Jugendlichen stärken können.

1.3.4 Welchen Einfluss hat der christliche Glauben auf den Selbstwert?

In meinem Leben hatte der christliche Glauben einen ganz entscheidenden Einfluss auf meinen Selbstwert. Deshalb ist es spannend für mich heraus zu finden, was genau mir dieses Gefühl wertvoll zu sein gegeben hat und ob auch andere Menschen ihren Selbstwert im christlichen Glauben stärken können.

1.4 Eingrenzung und Aufbau der Arbeit

Ich möchte mit dieser Diplomarbeit in erster Linie nach dem Ursprung des Selbstwerts suchen. Wie und wo entsteht Selbstwert und welche Faktoren sind dabei entscheidend? Dabei sollen verschiedene Ansätze für die Entwicklung eines gesunden Selbstwerts ein wenig genauer untersucht werden. Um meiner Arbeit einen gewissen Rahmen zu geben habe ich mich aus der Vielzahl von verschiedenen Ansätzen auf folgende Theorien beschränkt:

- Selbstwertentwicklung aus psychoanalytischer Sicht (Erik Erikson)
- Selbstwertentwicklung aus systemischer Sicht (Virginia Satir)
- Selbstwertentwicklung aus existenzanalytischer Sicht (A. Schütz/J. Juul)
- Selbstwertentwicklung aus christlicher Sicht

Diese Ansätze schienen mir bezüglich meiner Frage nach dem Ursprung des Selbstwertes am meisten Relevanz zu besitzen und werden deshalb in dieser Arbeit explizit behandelt.

In einem weiteren Schritt sollen die im Theorieteil bearbeiteten Ansätze im Hinblick auf die sozialpädagogische Praxis ausgewertet werden. Diejenigen Ansätze die mir für die pädagogische Umsetzung relevant erscheinen, werden im weiteren Verlauf der Arbeit noch ein wenig genauer untersucht und stellen mit ihren Handlungsansätzen den Praxisteil dar. Ziel ist es aber nicht, ein neues Handlungskonzept oder eine Methode vor zu stellen. Viel wichtiger ist es mir heraus zu finden, wie wir unsere Denkweise im Bezug auf die Selbstwertvermittlung verändern und anpassen können, um nicht am Ziel vorbei zu arbeiten. Dabei möchte ich mich im Praxisteil vorwiegend auf die Arbeit im Bereich von Kinder und Jugendlichen (3-18 Jahre) konzentrieren.

1.5 Anmerkungen

Geschlechtergerechte Formulierungen

In meiner Diplomarbeit stütze ich mich im Wesentlichen auf den „Leitfaden zur sprachlichen Gleichbehandlung von Mann und Frau" der Universität Zürich von 2011 (2006, 4. aktualisierte Auflage). In diesem Leitfaden wird das kreative Ausschöpfen der verschiedenen sprachlichen Möglichkeiten empfohlen, weil so die Nachteile der einzelnen Ausdrucksweisen nicht so ins Gewicht fallen. Der Text soll dadurch flüssig und klar im Stil bleiben und ihn leicht lesbar gestalten (vgl. Universität Zürich, 2006, S. 11).

Gott

Durch meinen Glauben an Gott und meiner Achtung gegenüber von Ihm als Schöpfer werden in dieser Arbeit alle Pronomen (Er, Ihn, Sein, usw.), die sich auf Gott beziehen, gross geschrieben. Dies dient zusätzlich dem besseren Textverständnis

Fallbeispiele

Die in dieser Arbeit erwähnten Fallbeispiele sind frei erfunden. Die gewählten Namen und Geschlechter haben keinen Bezug zu realen Personen und sind zufälligerweise gewählt worden. Fallbeispiele, die aus der verarbeiteten Literatur bezogen wurden, sind als Vergleich oder Zitat gekennzeichnet.

2. Woher kommt der Selbstwert?

2.1 Einleitung

In der Sozialen Arbeit wird dem Selbstwert eine hohe Bedeutung zu gemessen. Viele bekannte Persönlichkeiten im Bereich der Psychologie haben diesem Begriff schon das einte oder andere Buchkapitel gewidmet. Deswegen möchte ich in den folgenden Kapiteln auch auf verschiedene psychologische Ansätze eingehen und diese miteinander vergleichen. Obwohl es aber eine Vielzahl an Publikationen, Studien und entsprechend viele Forschungsergebnisse gibt (vgl. Schütz 2003, S. 16), existieren verhältnismässig wenig Fachbücher, die sich nur mit dem Thema Selbstwert auseinander setzen. Den Grund für die Knappheit an fundierter Literatur zu diesem Thema hat aus meiner Sicht verschiedene Gründe, die ich in diesem Rahmen aber nicht genauer erwähnen will. Auf jeden Fall gestaltete dies die Literaturrecherche und die Verarbeitung der erhaltenen Informationen nicht immer besonders einfach.

2.2 Definitionen

2.2.1 Allgemein

Im Laufe meiner Arbeit bin ich auf ganz verschiedene Definitionen gestossen, die teilweise den gleichen Begriff auf eine völlig andere Art und Weise definierten. Da eine Auseinandersetzung mit den verschiedenen Ansichten in diesem Rahmen zu viel Zeit beanspruchen würde, gelten für meine Arbeit die unten folgenden Definitionen. Diese Begriffserklärungen entsprechen den Definitionen, die ich in der hauptsächlich verarbeiteten Literatur vorgefunden habe.

2.2.2 Selbstwert und Selbstwertgefühl

Astrid Schütz definiert folgendermassen:

Beim Selbstwert handelt es sich im Gegensatz zum Minderwertigkeitsgefühl um ein Erleben einer positiven Grundeinstellung, bei der sich der Mensch als wertvoll erlebt. Es ist ein erlernbares Gefühl für den eigenen Wert (Schütz 1998, S. 135).

Unser Selbstwert ist also davon abhängig, wie viel Wert wir uns selber als Individuum geben. Je nachdem wie viel Wert wir uns selbst zu messen, sprechen wir dann von einem positiven Selbstwertgefühl oder einem negativen Selbstwertgefühl, auch Minderwertigkeitsgefühl genannt. Anselm Grün drückt es so aus: "Selbstwertgefühl ist das Wissen um den eigenen Wert, um die eigene Würde, um die Einmaligkeit als Person." (Grün 1995, S. 10). In meiner Arbeit spreche ich an manchen Stellen auch von einem "gesunden“ Selbstwert/Selbstwertgefühl. Mit diesem Begriff möchte ich einerseits den Unterschied zwischen Selbstwertgefühl und Minderwertigkeitsgefühl hervorheben, wie auch eine klare Abgrenzung zum Narzissmus aufzeigen

2.2.3 Der Unterschied zwischen Selbstwert und Narzissmus

Wenn man von Selbstwert spricht, muss man diesen Begriff auch klar von Narzissmus trennen. Schütz definiert folgendermassen: „Der Narzisst hat eine (zu) enge Beziehung zu seinem Selbstbild, die unter Umständen sogar zu einer Liebesbeziehung zu sich selbst auswächst“ (Schütz 1998, S. 161). Narzissmus trägt nach Schütz eher zu einem labilen Selbstwertgefühl bei. Durch die Verherrlichung seiner selbst werde eigentlich der fehlende gesunde Selbstwert kompensiert, indem man sich einen Überwert gibt (vgl. Schütz 1998, S. 161). Daher lässt sich Narzissmus eher mit dem Minderwertigkeitsgefühl vergleichen und bildet somit eigentlich das konträre, aber ebenfalls negative Gegenstück dazu.

2.2.4 Selbstgefühl

Selbstgefühl ist unser Wissen und Erleben davon, wer wir sind. Selbstgefühl handelt davon, wie gut wir uns selbst kennen und wie wir uns zu dem verhalten, was wir wissen. Bildlich gesprochen lässt sich Selbstgefühl als eine Art innere Säule, als Zentrum oder Kern beschreiben ... Das Fundament des Selbstgefühls lässt sich vielleicht am besten kurz mit dem Erleben beschreiben, das die meisten frischgebackenen Eltern hatten, wenn sie zum ersten Mal ihr schlafendes Baby betrachteten: das Gefühl, dass dieser neue Mensch etwas Wunderbares und Wertvolles ist, und zwar ganz allein deshalb, weil er ist...Von innen heraus beschrieben spricht das gesunde Selbstgefühl: ‚Ich bin in Ordnung und wertvoll, ganz allein deswegen, weil ich bin' (Juul 2007, S.96)!

Selbstgefühl ist nach Juul so etwas wie der Ausgangspunkt des Selbstwerts! Bevor der Mensch sich aufgrund innerer und/oder äusserer Einflüsse einen Wert zuschreibt, ist sein Wert einfach durch das Sein bestimmt.

2.2.5 Selbstvertrauen

Selbstvertrauen ist ein Gefühl des Glaubens an sich und ein Sich-verlassen-Können darauf, mit auftretenden Schwierigkeiten fertig zu werden bzw. das Leben zu bewältigen, das nicht mit tatsächlichen Fähigkeiten konform gehen muss (Schütz 1998, S.134, vgl. auch: Redaktion Naturwissenschaft und Medizin des Bibliographischen Institut 1986, S. 340).

Selbstvertrauen hat einen anderen Charakter als der Selbstwert. Während das Selbstwertgefühl auf alle Lebensbereiche einen Einfluss hat und als Ganzes positiv oder negativ beeinflusst wird, kann Selbstvertrauen in einem Lebensbereich, wo die Person sich fähig fühlt hoch und in einem anderen Lebensbereich, wo sie sich unfähig fühlt niedrig sein. Selbstvertrauen kann aus einem positiven Selbstwertgefühl entstehen, aber nicht jede Person mit hohem Selbstvertrauen hat automatisch ein positives Selbstwertgefühl.

2.3 Ansätze zur Selbstwertentwicklung

Wie sich der Selbstwert entwickelt, dafür gibt es verschiedene Ansätze und Theorien. In der Folge sollen einige dieser Ansichten etwas genauer untersucht und Schlüsse daraus gezogen werden.

2.3.1 Selbstwertentwicklung aus psychoanalytischer Sicht

Die Entwicklung des Selbstwerts beginnt aus psychoanalytischer Sicht schon in der frühen Kindheit. In seinem Stufenmodell der psychosozialen Entwicklung misst Erikson der Entwicklung des Urvertrauens eine zentrale Bedeutung bei. So lernt der Säugling schon von Geburt an, sich durch die Nahrungsaufnahme über die Mutter an eine Person zu binden. Weil das Kind in den ersten Monaten auch mit seinen übrigen Bedürfnissen (körperliche Nähe, Sicherheit, Geborgenheit, etc.) vollkommen von den Eltern, vorwiegend von der Mutter, abhängig ist, muss es sich auf diese verlassen können. Daraus entsteht Vertrauen zu den Eltern, wie auch zu sich selber. Geschieht dies nicht, so kann das Kind ein Ur-Misstrauen entwickeln. Es wird später Mühe haben, sich auf andere Menschen ein zu lassen und vertraut auch sich selber und seiner Wirkung auf Andere nicht (vgl. Erikson: 1973 S. 62). In Anlehnung an Eriksons Stufenmodell äussert sich Astrid Schütz folgendermassen:

Wenn ein Kind keine verlässlichen emphatischen Reaktionen der Eltern spürt, kann es aus Sicht vieler Psychoanalytiker sein Selbst nicht aufbauen. Ein Selbst, auf das es keinen Widerhall gibt, könne kein Selbstwertgefühl entwickeln (Schütz 1998, S.136).

Wurmser bestätigt diese Aussage. Nach ihm passen sich durch das Sehen und Gesehenwerden, das Hören und Gehörtwerden das Selbstbild und das Fremdbild zu einander an. Weiter sagt er: „Wenn dieser Austausch in den ersten Lebensmonaten gestört wird, werden Selbstbild und Selbstgefühl zutiefst beeinträchtigt, nicht nur in Folge der Perzeptionsstörung selbst, sondern infolge der überwältigenden Affekte, die mit der Störung einhergehen" (Wurmser 1990, S. 265). Erhält das Kind also in den ersten Monaten verlässliche emphatische Reaktionen von den engsten Bezugspersonen und äussert sich dies zugleich in bedürfnisbefriedigenden Handlungen gegenüber dem Kind so trägt dies sehr zu einen gesunden Selbstwertgefühl bei. Kohut sagt dazu: „Gelingt dies, bildet dies zeitlebens eine Quelle psychischer Gesundheit, vergleichbar einem Vorrat an Selbstvertrauen und grundlegendem Selbstwertgefühl" (Kohut 1979, S. 163).

Ein fördernder Faktor des Selbstwerts ist also aus psychoanalytischer Sicht eine "gesunde" Beziehung zu den engsten Bezugspersonen in der Kindheit. Eine Beziehung die dem Kind das Gefühl des Angenommenseins als Person vermittelt, weil es emphatische Reaktionen erfährt und seine Bedürfnisse angemessen gestillt werden. Im Gegenzug wird die Entwicklung eines gesunden Selbstwerts gehemmt, wenn einer Person in seiner Kindheit nur wenig Annahme durch emphatische Reaktionen und Bedürfnisbefriedigung vermittelt wird. Auch wenn die Meinungen zu diesem Punkt unter den Experten auseinander gehen, haben wir streng psychoanalytisch gesehen nach Abschluss der frühen Kindheitsphase keinen all zu grossen Einfluss mehr auf unseren Selbstwertentwicklung. Der grösste Teil scheint bis dahin also schon abgeschlossen zu sein und wir sind dem entsprechend abhängig von unseren Erfahrungen aus der Kindheit (vgl. Astrid Schütz, S. 136, 137). In vielerlei Hinsicht stimme ich den Überlegungen aus der Psychoanalyse bei. Ich denke auch, dass der Verlauf der ersten Kindheitsjahre einen wesentlichen Einfluss auf unsere Selbstwertbildung hat. Sind wir doch in dieser Phase noch am meisten form-, aber auch verletzbar. Doch scheint es mir ein wenig suspekt, wenn der Mensch als Individuum vollständig abhängig von den Reaktionen seines Umfelds ist und selber keinen Einfluss auf seinen Selbstwert haben soll.

2.3.2 Selbstwertentwicklung aus systemischer Sicht

Virginia Satir sagt in ihrem Buch Selbstwert und Kommunikation folgendes über den Menschen aus:

Über die Jahre hin entwickelte ich ein Bild davon, wie es aussieht, wenn ein menschliches Wesen menschlicher lebt: es ist eine Person, die ihren Körper versteht, wertschätzt und entwickelt, ihn schön und nützlich findet; eine Person, die real und ehrlich zu und über sich selbst und andere ist; eine Person, die bereit ist, Risiken auf sich zu nehmen, kreativ zu sein, kompetent zu sein, sich zu ändern, wenn es die Situation erfordert, und Wege zu finden, um Neues und Verschiedenartiges aufzunehmen, den Teil des Alten, der noch nützlich ist, zu behalten und den Teil, der es nicht ist, abzulegen" (Satir 1993, S 15).

Auch ist sie als Familientherapeutin der Meinung: „Die Familie ist die 'Fabrik', in der diese Art Person entsteht. Ihr, die Erwachsenen, seid die 'Menschenmacher' " (Satir 1993, S 15). Damit stimmt Satir den Überlegungen aus der Psychoanalyse nur zu einem Teil bei. Zwar sei der Einfluss der Eltern und allem voran der Mutter auf das Kind anfangs ein sehr wichtiger Faktor für eine gesunde Selbstwertentwicklung, schnell wird aber die ganze Familie zum Träger eines gesunden Selbstwertes für alle. Der Einfluss der Familie nimmt zwar mit zunehmendem Alter ab, bleibt aber auch dann noch ein wichtiger Faktor. Satir sagt dazu:

In den ersten 5 oder 6 Lebensjahren wird das Selbstwertgefühl des Kindes ausschliesslich von seiner Familie bestimmt. Wenn es in die Schule kommt, erweitert sich der Einflussbereich, aber bis hin zur Pubertät bleibt die Familie sehr wichtig. Die Einflüsse ausserhalb der Familie unterstützen im Allgemeinen nur, was das Kind zu Hause gelernt hat (Satir 1993, S. 42).

Der entscheidende Unterschied zwischen der Psychoanalyse und der systemischen Sicht nach Satir ist der Einfluss, welcher die einzelne Person auf die Entwicklung ihres Selbstwerts hat: „Ich bin überzeugt, dass das Gefühl des Wertes nicht angeboren ist, es ist erlernt. Und es ist in der Familie erlernt" (Satir 1993, S.42). Satir vergleicht in ihrem Buch den Selbstwert mit einem grossen Pott (Kessel), den jeder Mensch in sich trägt. Ob dieser Pott voll oder leer sei, hängt vor allem von der aktuellen Situation in der Familie und dem dort erlernten Wert über sich selber als Person ab. Satir sagt dazu:

Glücklicherweise kann man jedem – ganz gleich wie alt er ist – dazu verhelfen, den Pott zu heben. Da das Gefühl des Wert- oder Nichtwertseins erlernt ist, kann es auch verlernt und neu gelernt werden. Und diese Möglichkeit besteht von der Geburt bis zum Tod, so dass es nie zu spät ist (Satir 1993, S. 45).

Für Satir ist der Selbstwert also keine feste Konstante, die an für sich unveränderbar ist. Für sie ist das Gefühl des Wert- oder Nichtwertseins erlernt und deswegen auch durch ver- oder erlernen immer wieder erneuerbar. Das schenkt dem einzelnen Individuum natürlich viel Hoffnung, vor allem wenn sein Selbstwertgefühl nicht besonders hoch ist.

Ich bin mit Satir einer Meinung, dass der Selbstwert zeitlebens veränder- und beeinflussbar ist. Auch dem grossen Einfluss der Familie auf unsere Selbstwertentwicklung stimme ich vollkommen bei. Ebenfalls gefällt mir wie Satir einen funktionierenden und gesunden Menschen sieht, der es gelernt hat menschlicher zu leben (siehe oben). Denn genau so stelle ich mir einen Menschen vor, der es gelernt hat zu sich selber und seinen Stärken und Schwächen zu stehen, einen Menschen, der sich selber als wertvoll erachtet. Problematisch finde ich den Ansatz von Satir allerdings, für Menschen die in ihrer frühen Kindheit das Urvertrauen zu ihrer Mutter nicht aufbauen konnten. Sie erleben dann möglicherweise, dass sie trotz viel Bemühung und Aufwand von ihnen selber und vom Umfeld, keine wesentliche Veränderung in ihrem Selbstwert erleben. Wenn ein solcher Mensch dann auch noch das Gefühl hat, es stimme etwas nicht mit ihm, weil sein Selbstwert nicht wächst, dann führt das eher noch mehr in die Minderwertigkeit als in den Selbstwert hinein.

2.3.3 Selbstgefühl als Grundlage für den Selbstwert

Jesper Juul sieht den Ursprung für einen gesunden Selbstwert auch in der Familie gegründet unterscheidet sich im Ansatz aber von Satir. Juul geht davon aus, dass ein gesunder Selbstwert nur entstehen kann, wenn das Kind ein gesundes Selbstgefühl hat. Mit Selbstgefühl ist das tiefe Bewusstsein gemeint, dass ich als Mensch etwas wert bin, nur weil ich bin (siehe auch Kapitel 2.1 Definitionen). Dieses Gefühl sollten Eltern ihren Kindern optimalerweise vermitteln ohne dabei einen Bezug auf die Leistung und das Können des Kindes zu nehmen. Je mehr die Eltern dieses Gefühl des bedingungslosen Angenommenseins vermitteln können, um so tiefer ist sich das Kind seinen Wert unabhängig von der Aussenwelt bewusst (vgl. Juul 2007, S.96-98). Juul möchte dabei die beiden Begriffe Selbstgefühl und Selbstvertrauen ganz klar von einander trennen:

Selbstgefühl ist, ob ausgeprägt oder gering, eine existentielle Qualität. Es ist der Grundton in unserer psychischen Existenz, und es kann quantitativ und qualitativ das ganze Leben hindurch entwickelt werden. Selbstvertrauen handelt von dem, was wir können, worin wir gut und tüchtig sind oder dumm und schlecht – das, was wir leisten können... Wenn man ein gesundes Selbstgefühl hat, ist das Selbstvertrauen selten ein Problem. Das gilt aber nicht für das Gegenteil (Juul 2007, S. 97).

In einigen Beispielen versucht Juul dann auch zu verdeutlichen, weshalb das so ist. So erwähnt er ein Mädchen mit gesundem Selbstgefühl, welches lernen möchte

Klavier zu spielen. Nach den ersten paar Unterrichtsstunden merkt es aber, dass ihm die musikalische Ader fehlt. Weil es „unmusikalisch sein“ aber nicht auf seinen Wert sondern auf sein Können bezieht, kann es mit der fehlenden Begabung gut umgehen. Im Gegenzug berichtet Juul dann von einem berühmten Sportler, der in seinen Jahren nach dem Erfolg abstürzte und zum Alkoholiker wurde. Als die Therapeuten sein Selbstvertrauen wieder auf zu bauen versuchten antwortete er in etwa so: „Als ich meine Karriere beendete, merkte ich, dass meine Freunde nur mit mir zusammen waren, weil ich das konnte, was ich konnte. Nicht weil ich der bin, der ich bin. Deshalb wurde ich Alkoholiker.“ Es mangelte ihm also nicht in erster Linie an Selbstvertrauen, sondern am Selbstgefühl, dem Gefühl angenommen zu sein, so wie er ist. (vgl. Juul 2007, S. 97, 98).

Damit hat Juul aus meiner Sicht einen bedeutenden Punkt für die Entstehung von Selbstwert heraus gearbeitet: Selbstgefühl, das Angenommensein unabhängig von Leistung, Begabung und Können. Dieses Selbstgefühl würde ich als den Ursprung eines gesunden Selbstwertgefühls bezeichnen. Ein Mensch, der sich seiner Einzigartigkeit und Einmaligkeit bewusst ist, nur weil er ist, der muss nicht daran zweifeln ob er wertvoll ist oder nicht. Er ist sich seines Wertes voll und ganz bewusst. Dieses Selbstgefühl entsteht nach Juul in erster Linie in der Kindheit eines Menschen und hat zwei entscheidende Nährstoffe: Wenn mindestens eine der Personen die in unserem Leben bedeutungsvoll sind, uns 'sieht' und anerkennt, wie wir sind, und wenn wir erleben, dass wir für andere Menschen so, wie wir sind, wertvoll sind (Juul 2007, S.100).

Auch in diesem Ansatz sind wir also in der Entwicklung unseres Selbstwerts von unserem Umfeld abhängig. Die Eltern, unsere Geschwister und unsere Peergroup müssen uns dieses Gefühl vermitteln. Juul schreibt auch wie wichtig es ist, dass die Eltern selber eine gesundes Selbstgefühl haben sollten, wenn sie das Kind entsprechend erziehen wollen. Oder sie müssen zumindest gleichzeitig an ihrem eigenen Selbstgefühl arbeiten, wenn sie dem Kind wirklich mit bedingungsloser Annahme begegnen wollen. Letztendlich gehe es bei der Entwicklung des Selbstwertgefühls darum, wie gut man von sich selber denkt, erst dann könne man auch gut über andere denken (vgl. Juul 2007, S. 133-135).

Juuls Ansatz finde ich hoch interessant. Meiner Meinung nach hat er es geschafft, den grossen Begriff des Selbstwertes auf das Wesentliche zu kürzen: Selbstgefühl. Juul bleibt dabei aber nicht bei der blossen Theorie stehen, sondern liefert dazu auch noch Ansätze, die für bei der Entstehung eines gesunden Selbstgefühls und letztendlich bei der Entwicklung des Selbstwertes relevant sind. Diese Ansätze sind aber nicht nur auf gesunde Familien abgestimmt sondern erfassen die gesamte Bandbreite an möglichen Erziehungskonstellationen. Das ist in der heutigen Welt, wo Patchworkfamilien, Pflege- und Adoptivfamilien keine Seltenheit mehr sind eine wichtige Voraussetzung und Juuls Ansatz kann daher auch in Sozialen Institutionen angewendet werden (vgl. Juul 2007 wft., S. 7, ff.).

2.3.4 Selbstwertentwicklung aus existenzanalytischer Sicht

Astrid Schütz widmet sich in ihrem Buch „Erziehung zum Selbstwert" vor allem der existenzanalytischen Sicht. Die Entwicklung des Selbstwerts kann drei basalen Motivationen zugrunde gelegt werden:

Diese Motivationen werden einerseits von der Umwelt grundlegend bestimmt, sind aber andererseits auch eine Leistung des Menschen. Dabei handelt es sich um die Seinsfrage, die Wertfrage und die Rechtfertigungsfrage (Schütz 1998, S. 141, in Anlehnung an einen Vortrag von Alfred Längle, gehalten am 3. April 1992 in Unterägeri, Schweiz).

Mit der Seinsfrage meint Schütz die einfache Tatsache, dass ein Mensch sich in seiner Einmaligkeit und Einzigartigkeit spürt und wahrnimmt. Bevor die Frage nach dem Angenommensein durch andere Menschen an Bedeutung gewinnt, müsse man sich selber anzunehmen lernen. Dadurch wird ein Lebensraum geschaffen, der einem "Luft zum Atmen" gibt und der nicht abhängig von der Meinung und der Akzeptanz von anderen ist. Die Existenz eines Menschen alleine bedeutet angenommen sein. Wenn dieses Gefühl des Angenommenseins nicht schon in der Kindheit geborgen werden konnte, so Schütz, dann kann dies als Erwachsener nur schwer eingeholt werden. Die Entwicklung des „ich bin" ist also einerseits von der Erziehung der Eltern abhängig, wie auch von der Fähigkeit des Kindes, sich dieses Gefühl an zu eignen (vgl. Schütz 1998, S. 142,143) Damit unterstreicht Schütz die Überlegungen von Jesper Juul zum Thema Selbstgefühl, trägt aber dem Kind selber auch eine Verantwortung bei dessen Entwicklung zu.

Zwar ist es wichtig für den Menschen zu wissen: „ich bin da", aber das reicht noch lange nicht aus. Der Mensch muss auch spüren, dass es gut ist, dass es ihn gibt. Schütz meint dazu: „Um diese Befindlichkeit zu spüren, bedarf es Menschen, die ihn gewollt haben, die ihm vermittelt haben und vermitteln: ‚Es ist gut, dass es dich gibt.' " (Schütz 1998, S. 144). Auch hier benötigt der Mensch zunächst einmal andere Menschen, die ihm bei der Entwicklung der Wertefrage helfen. Schütz vergleicht dies mit einem Samenkorn, welches langsam aufgeht. Zwar könne das Umfeld eine wichtige Quelle für die richtigen Nährstoffe darstellen, aber wenn eine starke Pflanze aus dem Samenkorn wachsen soll, müsse man auch noch selbst Sorge dazu tragen. Im übertragenen Sinn meint Schütz damit, wenn der Wert alleine davon abhängt wie andere Menschen mich bewerten, dann besitze ich keinen Wert in mir selber. Erst wenn ich selber aus mir heraus sagen kann „es ist gut, dass ich lebe" dann hat sich mein Wert in mir verinnerlicht. Dazu kommt zusätzlich noch, dass der Mensch in seinem Leben selbstbestimmt handeln kann und auch dazu ein „Ja" finden kann. Schütz formuliert es so: „Wann ist für den Menschen sein Leben gut? Er wird sein Leben dann als gut und gelingend erfahren, wenn er in weitgehendem Einverständnis damit leben kann, wenn er ja sagen kann zu dem, was er tut" (Schütz 1998, S. 145).

Auch hierzu werden in der Kindheit bereits entscheidende Weichen gestellt. So ist es für einen Menschen schwierig im späteren Alter ein Wertsein zu entwickeln, wenn ihm in der Kindheit nie vermittelt wurde, dass sein Dasein gut sei. Auch wenn Menschen in ihrem Leben die Erfahrung gemacht haben, nur bei Erbringung von ganz bestimmten Leistungen angenommen zu sein, dann werden sie es auch schwierig haben, sich selber so anzunehmen wie sie sind, wenn sie den Anforderungen nicht entsprechen (vgl. Schütz 1998, S. 144-146).

Noch einen Schritt weiter geht Schütz mit der Rechtfertigungsfrage: „Der Mensch will so sein wie er ist. Er will weder seine Stärken noch seine Schwächen verstecken müssen. Er will seine Eigenheiten entfalten und damit unverwechselbar sein. Er will einmalig und einzigartig sein" (Schütz 1998, S. 146, 147). Es reicht dem Menschen nicht aus, nur Raum einnehmen zu dürfen und seinem Leben einen Wert zu geben. Viel mehr will er mit seiner ganzen Einmaligkeit und Einzigartigkeit gerechtfertigt sein. Nun steht ihm aber dabei die Gesellschaft im Weg, die eine Anpassung an die gegebenen Werte und Normen verlangt, welche nicht immer der eigenen Vorstellung entsprechen. Der Mensch müsse lernen, zu seinen eigenen Werten und Normen zu stehen, aber daneben auch andere Vorstellungen tolerieren zu können. Wenn er dies schafft, werde er sich selber gerecht und kann anderen aber auch das gleiche Recht zugestehen (vgl. Schütz 1998, S. 147).

Wie schon in der Sein- bzw. Wertfrage, kann auch hier bereits in der Kindheit eine entscheidende Entwicklung geschehen, die im Erwachsenenalter schwierig zu beheben ist. Wenn Eltern in ihrer Erziehung den Wert vor allem auf „Bravsein" setzen, dann lernt das Kind sich dadurch an zu passen. Es versucht der Norm zu entsprechen und lernt sich viel weniger in seiner Einmaligkeit und Einzigartigkeit

kennen. Das Kind wird so in seiner Persönlichkeitsentwicklung gehindert und muss seine Persönlichkeitsanteile unterdrücken (vgl. Schütz 1998, S. 148,149).
Schütz' Selbstwertentwicklung aus existenzanalytischer Sicht scheint für mich in weiten Teilen mit Juuls Ansatz zur Entwicklung eines gesunden Selbstgefühls überein zu stimmen, beschreibt aber die einzelnen Aspekte des Selbstgefühls durch die drei basalen Motivationen (Seins-, Werte- und Rechtfertigungsfrage) noch ein wenig genauer. Der Hauptunterschied zwischen den beiden Ansätzen liegt darin, wie stark Schütz die Eigenverantwortung der Menschen bezüglich ihres Selbstwertes betont. Der Mensch sei zwar immer wieder von seinem Umfeld beeinflussbar, aber könne das Selbstwertgefühl nur aufgebaut werden, wenn die Pflanze aus sich heraus auch Nahrung für eine gesunde Entwicklung beitrage (vgl. Schütz 1998, S. 144). Dies mag durchaus seine Berechtigung haben. Je mehr der Mensch von sich aus zu einer gesunden Selbstwertentwicklung beiträgt, um so leichter kann sich sein Selbstwert entwickeln. Das Problem dabei ist aber, dass wir in sozialen Institutionen häufig mit einem Klientel arbeiten, welches gerade durch die bisher erlebten Umstände wenig Eigeninitiative zu einer positiven Selbstwertentwicklung beitragen kann. Gerade dort sind wir als Betreuungspersonal gefragt, diesen Menschen ein solches Gefühl zu vermitteln. Natürlich ist der Selbstwert eines Menschen schlussendlich von der Person selber abhängig, aber es erfordert dafür meiner Meinung nach eine Menge Arbeit seitens der Erziehenden, um sie an diesen Punkt zu führen. Dies kommt in Schütz' Ansatz aus meiner Sicht ein wenig zu kurz.

2.3.5 Die Liebe

Wenn es um das Thema Selbstwert geht, darf ein Schlagwort natürlich nicht ausbleiben: Die Liebe! In den Fachbüchern wird um diesen Begriff gerne einmal ein grosser Bogen gemacht, diejenigen welche den Mut haben es an zu sprechen, tun dies meist mit der gebotenen Vorsicht, was auch verständlich ist. Wir alle haben eine unterschiedliche Definition, was Liebe angeht und verbinden damit, die unterschiedlichsten Bilder; Die Liebe der Mutter zum Kind, Die Liebe zwischen Mann und Frau, Tierliebe, die Liebe zum Sport, usw.! Wenn nun also die Liebe als „sozialpädagogische Methode" definiert werden müsste, würde sich deren Umsetzung bei jedem einzelnen Menschen unterscheiden. Trotzdem hat dieses Thema gerade im Bereich der Selbstwertentwicklung eine entscheidende Bedeutung, welche nicht einfach übersehen werden darf. Eine interessante Aussage über die Liebe im Bezug auf zwischenmenschliche Beziehungen macht Frankl:

Gegenüber der Begegnung scheint mir nun die Liebe einen Schritt weiter zu gehen, und zwar insofern, als sie den Partner nicht nur in seiner ganzen Menschlichkeit erfasst, sondern darüber hinaus auch in all seiner Einmaligkeit und Einzigartigkeit, und das heisst: als Person (Frankl 1990, S. 74).

Wird eine Person nach Frankls Definition geliebt, so erkennt das Gegenüber in ihr die Einzigartigkeit und Einmaligkeit. Die Liebe setzt also keine Bedingungen, wie der Mensch sein muss, sondern nimmt ihn einfach so an wie er ist. Dadurch kommen wir wieder zurück zum Thema Selbstgefühl. Stehe ich als Mensch nun im Zentrum dieser Liebe so werde ich als einzigartig und einmalig betrachtet. Und ich habe nun die Möglichkeit mich wertvoll zu fühlen, weil ich bin, nicht weil ich kann. Das sind in etwa die gleichen Worte, die Jesper Juul benutzt wenn er das Thema Selbstgefühl definiert (siehe Kap. 2.2.3). Die Liebe spielt aber in allen bisher genannten Ansätzen eine gewichtige Rolle, nur wird sie nicht immer so explizit angesprochen. So definiert Erikson die Bedürfnisbefriedigung des Kindes in der ersten Phase (Ur-Vertrauen vs. Ur-Misstrauen) seines Phasenmodells als wichtige Entwicklungsaufgabe, in welcher vor allem Die Mutter eine entscheidende Rolle spielt. Das Eingehen auf die Bedürfnisse des Säuglings tut die Mutter normalerweise nicht in erster Linie aus Pflichtgefühl gegenüber dem Kind, sondern weil sie eine Art innere Verbundenheit zum Kind verspürt, welche wir auch Mutterliebe nennen. Diese Verbundenheit scheint auch noch ihre Wirkung zu haben, wenn das Kind schon lange zum Jugendlichen heran gewachsen ist und die Mutter spät in der Nacht noch voller Sorgen auf ihren Schützling wartet, der noch nicht vom Ausgang zurück gekehrt ist. Doch nicht nur die Mutter, sondern die ganze Familie kann durch die Verbundenheit in Liebe seinen Einfluss auf den Selbstwert eines Menschen haben. Virginia Satir sagt über die Entwicklung des Selbstwerts in der Familie folgendes:

Gefühle von positivem Selbstwert können nur in einer Atmosphäre gedeihen, in welcher individuelle Verschiedenheiten geschätzt sind, in welcher Fehler toleriert werden, wo man offen miteinander spricht und wo es bewegliche Regeln gibt – kurz in einer Atmosphäre, die eine 'nährende' wachstumsfördernde Familie ausmacht (Satir 1993, S. 44).

Eine solche Atmosphäre kann meiner Ansicht nach nur schwer geschaffen werden, wenn nicht die Liebe innerhalb der Familie eine entscheidende Rolle einnimmt. Auch Jesper Juul geht davon aus, dass die Liebe als kraftvolles Potential immer vorhanden ist und die Entwicklung des Selbstwerts immer beeinflussen wird. Er macht dabei aber noch auf einen wichtigen Punkt aufmerksam: „Es hilft nicht so sehr, dass den

Eltern vor Liebe das Herz aufgeht, wenn die Taten nicht liebevoll sind – nicht in ihrer Intention, aber in dem Erleben des Kindes“ (Juul 2007, S. 100, 101). Wie bereits oben erwähnt kann die Liebe der Eltern zum Kind ihre Kraft nur zum Ausdruck bringen, wenn das Kind dies in der Umsetzung auch als Liebe erlebt (vgl. Juul 2007, S. 100). Und damit stehen wir vor einem generellen Problem welches alle Eltern in der Umsetzung ihrer Liebe zu den Kindern haben: Wie drücke ich diese Liebe aus? In meiner Arbeit erlebe ich immer wieder, wie Eltern ihre Liebe gegenüber ihrem Kind in Form von Geschenken aus zu drücken versuchen. Sie kommen einmal in der Woche auf Besuch vorbei und überhäufen das Kind dann mit Süssigkeiten und den neusten Angeboten aus der Spielwelt. Aber auch wenn unsere Kinder sehr gerne Geschenke kriegen ist ihnen viel wichtiger, dass die Mutter oder der Vater Zeit mit ihnen verbringt, ihnen beim Spielen zuschaut oder selber aktiv dabei mitmacht. Dabei mache ich die Beobachtung, wie viele Eltern gar nicht so genau wissen, wie sie dem Kind in dieser Zeit begegnen sollen. Sie scheinen sich extrem unsicher zu sein, wie nun der korrekte Umgang mit dieser Situation ist. Ich glaube nicht, dass alle Eltern gleich viel Mühe haben, ihrem Kind Liebe zu zeigen. Aber ich glaube als Erziehungspersonen müssen wir uns trotzdem immer wieder die Frage stellen wie wir diese Liebe zum Kind am besten ausdrücken können. Denn ich glaube das wahre Angenommensein in der ganzen Einzigartigkeit und Einmaligkeit können Menschen am besten in einer Atmosphäre erfahren, die von Liebe geprägt ist. Weil wir alle aber in unserer Liebesfähigkeit begrenzt sind, brauchen wir Methoden, Ansätze und Richtlinien die uns bei der Umsetzung helfen. Allerdings bringen uns alle Richtlinien, Ansätze und die riesige Methodenvielfalt nichts, solange das Kind daraus nicht unsere Liebe zu ihm erlebt. In der Fachsprache reden wir dann meistens von „Emphatie zeigen“, was aus meiner Sicht aber nur die professionelle Bezeichnung von „dem Anderen in Liebe begegnen“ ist.

Die Liebe ist also die treibende Kraft in der Entwicklung eines gesunden Selbstwerts. Zwar ist „Liebe“ schwierig zu fassen, aber sie spielt eigentlich in jedem Ansatz zur Bildung des Selbstwerts eine entscheidende Rolle. Schütz meint dazu: „Geliebt zu werden, scheint der bedeutendste Einzelfaktor im Bereich der Erlebniswerte zu sein, der zur Hebung des Selbstwertes beiträgt (Schütz 1998, S. 152, 153) Wenn das wirklich so ist, dann lohnt es sich aus meiner Sicht heraus zu finden, wo sich denn der Ursprung der Liebe befindet. Ich bin mir bewusst, dass die Ansichten bei diesem Thema weit auseinander gehen und ganze Bücher darüber gefüllt werden könnten. Trotzdem erlaube ich mir hier, meine ganz persönliche Ansicht auf zu schreiben, weil mein Leben durch diese Liebe verändert worden ist. Die folgende Definition wird wohl den Einen oder Anderen bekannt vor kommen. Sie stammt aus der Bibel:

Die Liebe ist geduldig und freundlich. Sie ist nicht neidisch oder überheblich, stolz oder anstößig. Die Liebe ist nicht selbstsüchtig. Sie lässt sich nicht reizen, und wenn man ihr Böses tut, trägt sie es nicht nach. Sie freut sich niemals über Ungerechtigkeit, sondern sie freut sich immer an der Wahrheit. Die Liebe erträgt alles, verliert nie den Glauben, bewahrt stets die Hoffnung und bleibt bestehen, was auch geschieht (Neues Leben 2008, 1.Kor 13,4-7).

Entscheidend ist für mich nicht nur, was in dieser Bibelstelle steht, sondern wo ich diese Liebe finden kann. Und darüber geben uns die folgenden Kapitel etwas mehr Auskunft.

2.4 Selbstwertentwicklung aus christlicher Sicht

2.4.1 Wer gibt mir meinen Wert?

Warum bin ich wertvoll? Wenn ich den vorherigen Kapiteln Glauben schenke, dann bin ich wertvoll, weil ich einzigartig und individuell bin. Nicht weil ich eine besondere Leistung vollbracht habe oder im Vergleich mit meinen Mitmenschen aus weltlicher Sicht besser da stehe, sondern nur weil ich bin, so wie ich bin. Wie jeder andere Mensch auf dieser Welt bin ich aber abhängig von der Bewertung meiner Mitmenschen. Bereits nach der Geburt war ich abhängig von der Annahme oder Ablehnung meiner Eltern (vgl. Erikson 1973, S. 62). Später kamen Geschwister, Verwandte, Lehrkräfte und natürlich immer wieder meine jeweilige Peergroup dazu, die mich entweder positiv oder negativ bewerteten. Dies alles hinterliess bei mir seine Spuren und wie ich ganz zu Beginn meiner Arbeit geschrieben habe, sie nahmen mir schlussendlich den Glauben daran wertvoll zu sein. Warum konnte das passieren? Ich glaube mein Schicksal ist kein Einzelfall. Viele Kinder wachsen in behüteten Familien und mit dem Gefühl wertvoll zu sein auf und werden irgendwann im Laufe der Kindheit oder Jugend wieder neu mit der Frage nach ihrem Wert konfrontiert. Ich gehe sogar noch einen Schritt weiter: Jeder Mensch stellt sich in seinem Leben irgendwann einmal die Frage, ob er wertvoll ist! Nun stellt sich für mich aber die Frage, woher wir unsere Antwort erhalten sollen, wenn sich jeder Mensch selber die gleiche Frage stellt? Wir müssen also zuerst herausfinden was uns Menschen wertvoll macht. Unsere Gesellschaft hat darauf viele unterschiedliche Antworten gefunden. Als ich in die Primarschule ging, war es in meiner Klasse entscheidend, ob man als Junge ein guter Sportler war. Spätestens in der Turnstunde, wenn man beim

Wählen der Gruppe noch als Letzter übrig blieb, wurde einem die Bedeutung dieses Umstands bewusst. Später in der Jugendzeit spielte dann plötzlich das Mitgehen mit den aktuellen Trends und das Ankommen bei den gleichaltrigen Mädchen eine wichtige Rolle, was sich meiner Meinung nach in der heutigen Zeit kaum geändert hat. Wer auf dem Pausenplatz keiner aktuellen Moderichtung folgt oder nicht mit den neusten technischen Geräten ausgestattet ist, hat heutzutage einen schweren Stand. Und auch in der Erwachsenenwelt geht es heute kaum anders zu. Tag für Tag werden wir per Radio, Fernsehen und Internet mit den neusten Trends konfrontiert. Die Werbung sagt uns dabei, was wir für unser Leben nötig haben, was in keinem Haushalt fehlen darf und welches Shampoo uns den besten seidigen Glanz vermittelt. Natürlich lassen wir uns nicht nur von der Werbung leiten, aber der Erfolg der jeweiligen Produkte lässt seine Schlüsse zu. Auch sonst suchen wir in unserem Umfeld nach Bestätigung und Anerkennung, ob es nun bei der Arbeit, in der Familie oder in unserer Freizeit ist. Und je nach dem mit welchen Menschen wir unser Leben teilen, sehen die Standards für eine gute Bewertung wieder ein wenig anders aus. Natürlich habe ich die Gesellschaft hier sehr oberflächlich beschrieben. Wir besitzen in unserer Gesellschaft auch andere Werte, die nicht so sehr auf Leistung, Aussehen und Begabung beruhen, wie ich das vorhin beschrieben habe. Weil jeder Mensch sich schlussendlich danach sehnt so wie er ist angenommen zu sein, versucht er auch anderen Menschen möglichst tolerant zu begegnen und sie so an zu nehmen wie sie sind. Aber warum tun wir das, wenn uns gleichzeitig die Evolutionstheorie sagt, dass wir ein Produkt des Zufalls sind? Eigentlich würden wir damit ja daran glauben, dass wir ein Teil einer nicht enden wollenden Reihe von Menschen sind, deren Hauptaufgabe darin besteht zu überleben. Warum, so frage ich mich, sehnen sich denn alle Menschen so sehr danach wertvoll zu sein, wenn es ohnehin nur um das Überleben geht? Ich glaube, tief in unserem Inneren wissen wir, dass es mehr geben muss. Einen Ort, wo unser Leben einen Sinn hat. Einen Ort, wo jeder Mensch gut ist, so wie er ist und eine Bedeutung hat. Dieser Meinung ist auch Astrid Schütz:

Wenn der Mensch sich als kleines Rädchen einer übermächtigen Maschinerie erlebt, in der er nur so und nicht anders funktionieren kann, wird er für sich kaum Freiheit orten. Er erlebt sich als austauschbar und hat vermutlich das Bestreben, kaum aufzufallen, um nicht ausgewechselt zu werden (Schütz 1998, S. 157).

Weiter verweist Schütz auf Frankl. Dieser ist der Meinung, dass der sogenannte Reduktionismus (auch Subhumanismus genannt) die Geistigkeit des Menschen und damit den Selbstwert unterhöhlt. Das geschieht seiner Meinung nach dann, wenn der Mensch als nicht anders als eine mehr oder weniger organisierte Zellansammlung angesehen wird und dessen Streben nach Sinn und Werten infolge dessen nicht ernst genommen wird oder mit anderen Worten ausgedrückt, wenn der Mensch ein blosses Produkt des Zufalls ist (vgl. Schütz 1998, S. 159, sowie Frankl 1987, S. 42). In der ganzen bisher erarbeiteten Theorie ist mir aufgefallen, wie fast alle Fachpersonen (ob bewusst oder unbewusst) zumindest zu einem gewissen Teil davon ausgehen, dass der Mensch nicht nur ein zufällig existierendes Wesen ist. Und Je mehr ich mich mit dem Thema Selbstwert beschäftige um so klarer wird für mich, dass der Wunsch nach Einzigartigkeit und Einmaligkeit nur dann erfüllt werden kann, wenn jemand uns genau so gewollt hat, wie wir sind. Und dieser jemand kann nur Der sein, welcher uns geschaffen hat.

2.4.2 Gott als Schöpfer

Ich bin mir bewusst, nicht jeder wird mit mir einer Meinung sein, wenn ich im Folgenden über Gott als unseren Schöpfer schreiben werde. Ich glaube aber, wenn es wirklich wahr ist, was die Bibel über Gott schreibt, dann können wir die Frage nach unserem Wert an Ihn richten. Und nur schon deshalb lohnt es sich den christlichen Glauben ein wenig genauer unter die Lupe zu nehmen. Wenn die folgenden Ausführungen nämlich wirklich wahr sind, dann muss die Liebe von Gott zu uns nämlich ziemlich gross sein. Und deswegen lade ich jeden Leser dazu ein, einfach einmal davon aus zu gehen, dass folgende Aussagen wahr sind.

Die Bibel sagt uns, dass Gott unser Schöpfer ist: „Und Gott schuf den Menschen zu seinem Bilde, zum Bilde Gottes schuf er ihn; und schuf sie als Mann und Frau (Thomson 2003, 1. Mo 1, 27)." Im christlichen Glauben gehen wir davon aus, dass Gott nicht nur uns, sondern Alles erschaffen hat. Einmal unabhängig davon, ob die Welt nun in 6 Tagen (der Siebte war ja Ruhetag) geschaffen hat oder nicht, finde ich die Reihenfolge in der Schöpfung hoch interessant. Zuerst schuf Gott logischerweise Himmel und Erde, danach machte er aus der Erde einen bewohnbaren Ort mit einem festen Untergrund und einer Atmosphäre in der Leben möglich ist. Nun kamen die ersten Pflanzen zum Vorschein und später schuf Gott verschiedene Arten von Tieren im Meer, in der Luft und auf der Erde. All dies betrachtete Gott und bezeichnete es als gut. Und erst dann schuf Gott den Menschen. Dabei darf ein wichtiges Detail nicht fehlen! Gott machte Menschen, die Ihm ähnlich sind (vgl. Thomson 2003, 1. Mo 1, 27). Das war neu in der Schöpfungsgeschichte. Alles was Gott geschaffen hatte, bezeichnete er als gut, aber nur ein einziges Wesen seiner Schöpfung, bezeichnet er als „Ihm ähnlich". Nun kann natürlich darüber diskutiert werden, was nun "Gott ähnlich sein bedeutet" und ich weiss auch, dass es dazu zahlreiche Auslegungen gibt. Fest steht aber, dass der Mensch in jederlei Hinsicht eine besondere Stellung eingenommen hat. Gott hat ihm die Verantwortung für Seine Schöpfung überlassen. Und nicht nur das! Er hat dem Menschen sogar noch extra einen Garten gemacht, der besonders gut nach den Bedürfnissen des Menschen gestaltet war (vgl. Thomson 2003, 1. Mo 1, 28; 2, 8 ff.). Gott hat sich also für uns Menschen besonders viel Mühe gegeben. Wir waren von Anfang an im Zentrum Seiner Aufmerksamkeit. Und so ist es nicht verwunderlich, dass die Bibel von der ersten bis zur letzten Seite Geschichten erzählt, die sich zwischen Gott und Menschen abspielen. Wenn Gott also wirklich unser Schöpfer ist und bestens über unsere Bedürfnisse Bescheid weiss, dann macht es Sinn die Frage nach unserem Selbstwert auch an Ihn richten. Denn wer kann einem den Sinn und Zweck einer Erfindung besser erklären, als der Erfinder höchstpersönlich?!

2.4.3 Einzigartig und einmalig

Wenn wir in der Bibel auf die Suche nach einer Antwort gehen, dann stossen wir unweigerlich auf die Psalmen. Dort schreibt König David folgendes in einem seiner Gedichte:

Schon als ich im Verborgenen Gestalt annahm, unsichtbar noch, kunstvoll gebildet im Leib meiner Mutter, da war ich dir dennoch nicht verborgen. Als ich gerade erst entstand, hast du mich schon gesehen. Alle Tage meines Lebens hast du in dein Buch geschrieben - noch bevor einer von ihnen begann (Neues Leben 2008, Ps. 13, 15-16)

Wenn wir von der Wahrheit dieser Aussage ausgehen, dann war Gott von Anfang an bei jedem einzelnen von uns dabei. Er hat uns schon so gesehen wie wir jetzt sind und auch genau so geplant. Als unser Schöpfer hätte er jeden Moment eingreifen können um noch etwas an uns zu korrigieren, so wie jeder Künstler es auch an seinem Gemälde oder an seiner Skulptur hätte tun können. Aber Er hat es nicht getan! Er war anscheinend zufrieden mit seinem Resultat. Nur einen Vers vor dem obigen Abschnitt macht David eine Aussage über sich, die entweder sehr arrogant oder von tiefem Selbstwertgefühl geprägt sein muss: „Ich danke dir, dass du mich so herrlich und ausgezeichnet gemacht hast, wunderbar sind deine Werke, das weiss ich wohl." (Neues Leben 2008, Ps. 139, 14). Was ist das Geheimnis von David, dass er sich seiner Einmaligkeit und Einzigartigkeit so bewusst war? Nun, in der Bibel wir David als „Mann nach Gottes Herzen" bezeichnet (vgl. Neues Leben 2008, Apg. 13, 22) Warum das so ist, lässt sich leicht heraus finden, wenn man die Geschichte von David liest. David lebte in einer tiefen Beziehung zu Gott, er vertraute Ihm. Immer wieder suchte er die Gemeinschaft mit Gott und nahm es sich zum Ziel, in seinem Leben nach den

Massstäben Gottes zu leben. Und weil David Gott an seinem Leben teilhaben liess, konnte ihm Gott auch mit Seiner Liebe begegnen (vgl. Neues Leben 2008, 1. Sa).

Und hier möchte ich einmal mehr den Link zur Theorie ziehen. Wir haben gelernt, dass ein gesundes Selbstwertgefühl nur dann entstehen kann, wenn wir tief in uns drin das Gefühl haben gut zu sein, so wie wir sind. Weil wir dieses Gefühl nicht aus uns selbst heraus erlangen können, brauchen wir Menschen um uns herum, die uns so annehmen, wie wir sind. Je näher eine Person uns steht, um so mehr Bedeutung geben wir dem Urteil welches diese über uns fällt. Normalerweise sind diese Personen unsere Eltern, Verwandte oder unsere engsten Freunde. Es sind die Menschen, welche uns am besten kennen und denen wir am meisten vertrauen. Und weil sie uns so gut kennen, richten wir unsere Frage „bin ich wertvoll?“ schlussendlich auch an sie. Wir erhoffen uns von ihnen am ehesten eine Antwort, die uns zufrieden stellt. Und daran ist auch nichts aus zu setzen. Nur müssen wir dabei bedenken, dass diese Menschen sich selber die genau gleiche Frage stellen, wie wir es tun. Was gibt uns schlussendlich die Sicherheit wertvoll zu sein? Jemand, der unseren Wert wirklich kennt! Jemand, der sich diese Frage nicht selber stellen muss. Und die einzige Person, die für mich dieses Kriterium erfüllen kann, ist Gott! Wer von Ihm den Stempel „du bist wertvoll“ erhalten hat, hat ihn von seinem Schöpfer höchstpersönlich erhalten. König David hat diesen Gott als vertrauenswürdig erachtet und er hat bei Ihm eine Antwort auf seine Frage gefunden. Und er hat bei Gott gefunden, was sich jeder Mensch von ganzem Herzen wünscht: Echte Annahme und Liebe.

2.4.4 Angenommen und geliebt

Was David bei Gott gefunden hat, haben noch viel mehr Personen aus der Bibel gefunden. Und auch heute noch entdecken immer wieder Menschen, darunter ich, wie sehr diese Annahme und Liebe Gottes das eigene Leben verändern kann. Dafür ist aber eine Entscheidung notwendig. Wir müssen Gott näher kennen lernen wollen. Wie das auch bei uns Menschen ist, kann Gott uns seine Liebe nur dann zeigen, wenn wir bereit sind uns auf eine Beziehung mit Ihm ein zu lassen. Paulus schreibt in seinem Brief an die Römer folgendes:

Ich bin überzeugt: Nichts kann uns von seiner Liebe trennen. Weder Tod noch Leben, weder Engel noch Mächte, weder unsere Ängste in der Gegenwart, noch unsere Sorgen um die Zukunft, ja nicht einmal die Mächte der Hölle können uns von der Liebe Gottes trennen (Neues Leben 2008, Rö. 8, 38).

Wenn das stimmt, dann muss Gottes Liebe zu uns ausserordentlich gross sein. Durch nichts lässt sie sich von uns trennen. Die Bibel geht sogar noch einen Schritt weiter und sagt uns: „Gott ist Liebe, und wer in der Liebe bleibt, bleibt in Gott und Gott bleibt in ihm“ (Neues Leben 2008, Joh. 4, 16). Gott hat nicht nur Liebe, Gott ist Liebe! Und wenn wir in dieser Liebe bleiben, dann bleiben wir in Gott. Wir haben die Möglichkeit eine so nahe Beziehung mit Gott zu führen, dass Er nicht nur bei uns, sondern in uns lebt. Aber es erfordert von uns die Entscheidung: „Ja, ich will mit diesem Gott eine Beziehung führen. Und ja, ich glaube daran, dass Gott mir eine Antwort auf meine Frage geben kann.“ Nur wenn wir das zulassen, dann kann Gott unser Leben und damit auch unseren Selbstwert wesentlich verändern.

Zum Abschluss dieses Kapitels möchte ich noch folgendes Gedicht von Russel Kelfer zitieren. Es stammt aus dem Buch Leben mit Vision von Rick Warren und zeigt meiner Meinung nach am besten auf, in welchem Licht uns Gott sieht:

Du bist, wer du bist

Du bist, wer du bist, aus gutem Grund.
Du bist Teil eines einzigartigen Plans.
Du hast ein wertvolles, einmaliges Design.
Du bist Gottes ganz besonderer Mensch.

Dein Aussehen hat einen guten Grund.
Unser Gott macht keinen Fehler.
Er hat dich geschaffen im Mutterleib.
Du bist genau so, wie er dich haben wollte.

Die Eltern, die du hattest, waren jene, die er wählte.
Und auch wenn du es nicht verstehst,
Sie waren passend, um Gottes Plan für dich zu erfüllen,
Und sie tragen das Zeichen des Meisters.

Dein Schicksal, welches du erlitten hast, war nicht leicht.
Und Gott hat Tränen über deine Schmerzen vergossen.
Aber er liess es zu, um dein Herz zu formen,
Sodass du in seiner Ebenbildlichkeit wachsen konntest.

Du bist wer du bist, aus gutem Grund.
Du bist geschaffen von der Hand unseres Meisters.

Du bist, wer du bist, geliebt,
Denn es gibt einen Gott.

(Warren 2004, S. 25, Gedicht von Russel Kelfer)

Wenn Gott so über uns denkt und es Ihn in Folge dessen auch wirklich gibt, dann hat mein Leben eine Bedeutung, einen Sinn und einen Zweck. Und dann bin ich die einzige Person, welche genau an dem Ort wo ich bin und mit den Voraussetzungen die ich habe, einen Unterschied machen kann. Ich bin nicht mehr länger ein Produkt des Zufalls, sondern ich bin einmalig und einzigartig; und deswegen wertvoll.

2.4.5 Warum dann noch Erziehung?

Der Glaube an diesen Gott, Der uns erschaffen hat und uns liebt, ist für mich der wesentlichste Einfluss für die Entwicklung eines gesunden Selbstwertes. Aber es ist nicht der einzige Einfluss. Alle Menschen leben auf dieser Welt und sind damit den Einflüssen von Familie, Freunden und anderen Menschen immer wieder ausgesetzt. Und weil wir Menschen, ob gläubig oder nicht, unseren Wert immer wieder von der Bewertung unseres Umfeldes abhängig machen, lohnt es sich unsere Erziehung so aus zu richten, dass sich Menschen aufgrund unseres Umgangs mit ihnen als wertvoll erachten. Ausserdem können wir in einer Institution von unserem Klientel nicht erwarten, dass sie den Glauben an einen Gott mit uns teilen. Diese Entscheidung ist jedem selbst überlassen. Und gerade Personen, die keinen persönlichen Zugang zu Gott haben, brauchen in ihrem Leben Menschen, die ihrem Leben einen Wert zu schreiben.

2.5 fördernde und hemmende Faktoren in der Selbstwertentwicklung

Psychoanalyse; Das Urvertrauen, welches das Kind nach Erikson in der ersten Phase seiner Entwicklung bilden sollte, hat einen entscheidenden Einfluss auf die spätere Bildung des Selbstwertes. Dort lernt das Kind einerseits auf sich selber, wie auch auf die Menschen in seinem Umfeld zu vertrauen. Weil wir in der Entwicklung unseres Selbstwerts von den Bewertungen anderer Menschen abhängig sind, ist ein positiver Abschluss dieser ersten Lebensphase von entscheidender Bedeutung. Das Kind hat entweder gelernt Botschaften von aussen an zu nehmen oder nicht. Diesen Faktor können wir in unserer Arbeit leider nicht beeinflussen, weil das Kind bei Eintritt in unsere Institution diese Phase schon längst abgeschlossen hat. Unsere Aufgabe besteht darin, mit den vorhandenen Ressourcen und Defiziten, welche das Kind mitbringt zu arbeiten und das Bestmögliche daraus zu machen. Das ist hinsichtlich der teils schwerwiegenden Schicksale des Klientel nicht immer so einfach.

Systemische Sicht; Eine gesunde und funktionierende Familie ist nach Satir die Fabrik eines Menschen mit gesundem Selbstwert (vgl. Satir 1993, S. 15). Die Familie kann also als fördernder oder hemmender Faktor in der Selbstwertentwicklung fungieren. Auch hier stossen wir mit unserer sozialpädagogischen Arbeit an Grenzen, weil wir die teils arg zerüttelten Familien nicht genügend in ihrer Situation unterstützen können. Sicherlich wäre es interessant, die Selbstwertentwicklung auch aus systemischer Sicht genauer zu behandeln, aber der Bezug zum pädagogischen Alltag unserer Institution wäre kaum gewährleistet. Deswegen werden ich im Theorie-Praxistransfer nur am Rande auf Satir eingehen.

Selbstgefühl nach Juul; Von entscheidender Bedeutung für die Entwicklung des Selbstwertes scheint mir die Theorie von Jesper Juul mit dem Gedanken des Selbstgefühls zu sein. Weil Juuls Ansatz sich nicht nur auf gewisse Erziehungskonstellationen, sondern auf Beziehungen zwischen Menschen allgemein bezieht, können seine Überlegungen auch in Sozialen Einrichtungen Einzug erhalten. Deswegen wird Juuls Ansatz im weiteren Verlauf der Arbeit einen hohen Stellenwert geniessen.

Existenzanalytische Sicht; Schütz geht in ihrem Ansatz in weiten Teilen auf die gleichen Gedanken wie Juul ein, bleibt aber dabei oft in der Theorie stecken. Nichts desto trotz liefert Schütz einige Wertvolle Gedanken und Vorstellungen zur Selbstwertentwicklung bei und wird deshalb im weiteren Verlauf der Arbeit auch immer wieder zitiert.

Christliche Sicht; Der Glauben an einen schöpferischen Gott ist letztendlich jedem Menschen selber überlassen. Deswegen ist die Selbstwertentwicklung aufgrund der Liebe und des Angenommenseins durch Gott keine Methode, die in der Praxis angewendet werden kann. Das hätte letztendlich viel mehr mit Religiosität und Zwang, als mit Selbstwertentwicklung zu tun. Allerdings glaube ich, dass eine christliche Erziehung auch ohne den Glauben an Gott seitens des Kindes eine positive Wirkung auf das Kind haben kann. Deswegen sollen im Praxistranfer auch einige Worte zur christlichen Sichtweise verloren werden.

3. Erziehung zum Selbstwert

Wie kann Selbstwert gelernt werden und welche Methoden und Techniken können in der Erziehung angewendet werden, um dem Kind zu einem eigenen Wertbewustsein zu verhelfen? Schütz meint dazu: „Selbstwert aus Sicht der Existenzanalyse ist nicht etwas, das über eine Technik oder Methode erreicht werden kann“ (Schütz 1998, S. 150). Sowohl Schütz als auch Juul sehen den Menschen als Individuum, also als einzigartiges und einmaliges Wesen an, das mit keinem anderen Menschen verglichen werden kann. So lässt sich nach ihrer Theorie, der Mensch in seinem Selbstwert auch nicht durch eine allgemein taugliche Methode verändern, wie das vielleicht in anderen Aspekten des Lebens der Fall sein kann. Den eigenen Selbstwert finden heisst, sich selber als wertvoll zu erachten lernen und dies kann nur gelingen, wenn der Mensch in seiner ganzen Einmaligkeit und Einzigartigkeit respektiert wird. Sobald wir den Menschen in den Rahmen einer gewissen Technik oder Methode stecken wollen, nehmen wir ihm genau diese Individualität und verhindert damit das Finden seines eigenen Wertes. Die folgenden Ansätze beziehen sich deswegen vor allem auf das Verhalten der Erziehenden gegenüber den Kindern und Jugendlichen.

3.1 Lob und Anerkennung

Das Loben ist in der heutigen Zeit ein gängiges Erziehungsmittel in Familien, Vereinen und Sozialen Institutionen. Dies nachdem in den dreissiger Jahren Pädagogen und Psychologen heraus gefunden haben, dass ständiges Kritisieren und Korrigieren durch die Eltern, dem Selbstvertrauen des Kindes schaden (vgl. Juul 2007, S. 106). Der Weg von Kritik und Korrektur zu Loben ist eine durchwegs positive Entwicklung in der Erziehungsgeschichte. Nur leider besteht heute die gängige Meinung in der Gesellschaft, dass das Loben auch wesentlich zur Stärkung des Selbstwertes beiträgt. Juul ist da anderer Meinung. Für ihn kann Lob genau so wie Kritik unter gewissen Umständen einen positiven Einfluss auf das Selbstvertrauen haben, aber es hat nur am Rande etwas mit der Entwicklung eines gesunden Selbstwertes zu tun und kann wie auch die Kritik sogar destruktiv sein. Juul möchte aber richtig stellen: „Das heisst nicht, dass es nun plötzlich verboten wäre, seine

Kinder zu loben – und damit auf verschiedenen Gebieten Sorge für ihr Selbstvertrauen zu tragen" (Juul 2007, S 107). Kinder brauchen Lob, aber sie wollen in erster Linie geliebt und nicht bewertet werden. Lob und Kritik haben immer den Aspekt der Bewertung drin und das zeigt dem Kind schlussendlich nur auf, dass seine Leistung und nicht es selbst als Individuum gewertschätzt wird. Ich möchte den Unterschied an einem kleinen Beispiel in Anlehnung an Juul verdeutlichen: Die sechsjährige Selina wartet zu Hause auf seine Mutter, welche heute von einem zweiwöchigen Urlaub zurück kommt. Selina liebt ihre Mutter und freut sich riesig auf ihre Rückkehr. Sie hat Mama extra ein Willkommensgeschenk gebastelt, wofür sie den ganzen Nachmittag gebraucht hat. Nun kommt die Mutter endlich zur Tür hinein. Selina rennt ihr mit ihrem Geschenk entgegen und sagt freudig: „Schau Mama, für dich!" Die Mutter reagiert, wie sie es gelernt hat: „Wow, das hast du ja wunderschön gemacht! Du bist eine gute Bastlerin."

Auf den ersten Blick scheint dieser Ablauf der Szene für uns nicht unbedingt falsch gelaufen zu sein. Anders wäre es wohl, wenn wir das Lob der Mutter durch eine Kritik ersetzen würden: „Ui, ist das hässlich! Du bist aber keine besonders gute Bastlerin." Und natürlich ist Kritik in diesem Fall sicher die schlechtere Lösung als ein Lob der Mutter, aber schlussendlich bewertet Beides die Leistung des Kindes. Selina hat ihr aber ein Liebesgeschenk gemacht, weil sie ihre Mama liebt und vermisst hat. Eigentlich will sie also nicht unbedingt ein Lob für ihre Arbeit sondern die Freude und Liebe ihrer Mutter spüren: „Was, extra für mich? Wie lieb von dir! Ich habe dich vermisst, mein Schatz." Natürlich darf dann auch noch gelobt werden, aber in erster Linie will Selina spüren, dass sie um ihretwillen und nicht wegen ihrer Leistung geliebt wird. Was Selina als eigentlich sucht ist Anerkennung und dies nicht im Sinne von Lob. Sie möchte von ihrer Mutter als liebenswürdige Tochter anerkannt werden, als Mensch der es würdig ist geliebt zu werden.

Das Lob eignet sich also schlussendlich nicht für den Aufbau eines gesunden Selbstwertgefühls, sondern nur für das Selbstvertrauen, während echte Anerkennung der Person als liebenswürdiges Individuum das Selbstgefühl stärken kann. Und um diese Anerkennung wird es in der Folge immer wieder gehen.

3.2 Das Kind als gleichwertiges Gegenüber

Kinder sind, wenn es nach Juul geht, von Geburt an sozial und emotional genau so kompetent wie wir Erwachsenen. Sie sind zwar noch nicht erwachsen, müssen noch viel lernen und ihre eigenen Erfahrungen im Leben machen, aber sie sind deswegen nicht weniger kompetent wie unsere etwas ältere Generation. (vgl. Juul 2007, S. 15). Das Problem dabei ist, Eltern und Erziehungspersonen geben ihren Kindern oftmals das Gefühl, ihre Bedürfnisse und Handlungsmotivationen seien unangebracht und deswegen nicht ernst zu nehmen. Vielleicht mag das in gewissen Situationen zutreffen, doch in wie vielen Situationen ist wohl das Verhalten von uns Erwachsenen unangebracht oder basiert auf das einfache Einhalten von gesellschaftlichen Normen. Ich möchte an dieser Stelle ein eigenes Beispiel einbringen:

Wir befinden uns mitten in einer Hochzeitsfeier. Soeben hat das Brautpaar die Trauungszeremonie hinter sich gebracht und verlässt die Kirche. Danach eröffnen die beiden frisch Vermählten das obligatorische Apéro, welches in diesem Fall besonders üppig ausgefallen ist. Die Hochzeitsgäste beobachten die Prozedere und beim Gedanken an die feinen Häppchen läuft schon den meisten Anwesenden das Wasser im Munde zusammen. Endlich ruft der Hochzeitsplaner: „ Das Buffet ist eröffnet!“ Im gleichen Moment stürzt eine Meute hungriger Kinder nach vorne und macht sich über die Speisen her. Es vergehen aber keine drei Sekunden, da betreten eine Reihe peinlich berührter Eltern das Schlachtfeld und unterbinden das freudige Schlemmen ihrer Schützlinge mit einer Moralpredigt, die in der Länge wohl sogar die Trauungspredigt übertroffen hätte. Nur wenige Minuten später setzen sich die gleichen Eltern (nach anständigem Anstehen in einer Reihe wohlgemerkt) mit gut gefüllten Teller an die Festbänke und füllen sich die Bäuche.

Welches Verhalten ist kompetenter? Das Verhalten der Kinder, die ihrem Bedürfnis nach Nahrung freien Lauf lassen und das Fest in vollen Zügen geniessen wollen oder das Verhalten der Erwachsenen, die sich ebenfalls am liebsten auf das Buffet stürzen möchten, es aber aus Anstand nicht tun? Meiner Meinung nach verhalten sich beide Parteien gleich kompetent, nur mit einer unterschiedlichen Auffassung davon, was das heisst. Solche Beispiele wie dieses könnten an dieser Stelle noch viele Weitere erwähnt werden. Und unsere Schlussfolgerung als Eltern und Erziehungspersonen bleibt dann auch meistens die Gleiche: Die Kinder sind noch nicht reif genug, sie benötigen noch viel Erziehung oder eben, sie sind noch nicht kompetent. Juul schreibt dazu:

Wir sind gewohnt, Kinder als eine Art potentiell asozialer Halbmenschen anzusehen, die zunächst einmal massiver Einwirkung und Manipulation durch Erwachsene unterzogen werden müssen. Sodann müssen sie ein bestimmtes Alter erreicht haben, bevor sie als gleichwertige, richtige Menschen anerkannt werden können (Juul 2007, S. 11).

Meine Frage dazu lautet: Wie wollen Kinder ein gesundes Selbstwertgefühl aufbauen, wenn wir Erwachsenen ihnen immer wieder das Gefühl geben, nicht kompetent genug zu sein? Und genau in diesem Punkt trifft Juul mit seinem „Prinzip der Gleichwürdigkeit“ den richtigen Nerv. Für ihn ist die Beziehung zum Kind der Schlüssel für eine erfolgreiche Erziehung und dabei spielt die Gleichwürdigkeit eine entscheidende Rolle. Der Selbstwert eines Menschen ist, wie wir bereits wissen, abhängig von den Rückmeldungen seiner wichtigsten Bezugspersonen. Beim Kind sind dies seine Eltern oder die erziehungsberechtigten Personen. Und wenn es von diesen Menschen die Rückmeldung erhält, nicht gleichwürdig zu sein, wie soll es sich dann wirklich wertvoll fühlen? In der Regel merkt das Kind dies dann auch unbewusst und reagiert dem entsprechend darauf. Schütz meint dazu:

Heranwachsende spüren die Absicht oft sehr feinfühlig und entziehen sich ihr. Sie möchten statt dessen in ihrer Person, in ihren tiefen Beweggründen wahrgenommen werden. Daher wird auch verständlich, dass sie gegen das Nichtgesehenwerden als Person oft mit Abwehr oder Renitenz reagieren, wohingegen ein Eingehen auf ihre Person gegenteilige Effekte hätte (Schütz 1998, S. 169).

Ein Kind muss lernen, zu seinen Bedürfnissen und Gefühlen zu stehen, sie ausdrücken und einen eigenen Umgang damit finden. Wenn wir das nicht zulassen, dann müssen wir mit einer Abwehrhaltung und Renitenz (Widerspenstigkeit) seitens unserer Zöglinge rechnen. Als Erziehungspersonen sind wir also dafür verantwortlich, dem Kind in diesen Schritten zu sich selber Unterstützung an zu bieten. Das geschieht aber nicht, indem wir sein Verhalten im Vornherein als inkompetent hinstellen, sondern wir müssen Lernen, das Kind und seine Bedürfnisse zu verstehen. Und in diesem „Verstehen wollen“ drin begeben wir uns mit dem Kind auf eine gleiche Ebene. Wir nehmen das Kind in seinen Gefühlen und Bedürfnissen ernst und behandeln es gleichwürdig. Wenn wir hier von Gleichwürdigkeit sprechen, müssen wir diesen Begriff aber noch ein wenig genauer definieren. Gleichwürdigkeit hat nichts damit zu tun, dass wir unsere Rolle als Erzieher nicht mehr ernst nehmen und die Kinder das gleiche Mitspracherecht haben, wie die Erwachsenen. Juul schreibt dazu folgendes:

Gleichwürdigkeit bedeutet weder Ebenbürtigkeit noch Gleichheit. Ebenbürtigkeit bedeutet ursprünglich ‚von gleicher Geburt', wird heute jedoch im Sinne von 'gleich stark' verwendet. Gleichheit hingegen ist auch ein politischer Begriff, der in Formulierungen wie ‚Gleichheit vor dem Gesetz' oder ‚Gleichstellung' (der Geschlechter) zum Ausdruck kommt. Gleichwürdigkeit lautet nach meinem

Verständnis sowohl ,von gleichem Wert' (als Mensch) als auch ,mit dem selben Respekt gegenüber der persönlichen Würde und Integrität des Partners'. In einer gleichwürdigen Beziehung werden die Wünsche, Anschauungen und Bedürfnisse beider Partner gleich ernst genommen und nicht mit dem Hinweis auf Geschlecht, Alter oder Behinderung abgetan oder ignoriert. Gleichwürdigkeit wird damit dem fundamentalen Bedürfnis aller Menschen gerecht, gesehen, gehört und als Individuum ernst genommen zu werden (Juul 2007 wft. S. 24).

Ein Kind gleichwürdig zu behandeln bedeutet also schlussendlich, das Kind ernsthaft wahr zu nehmen und seine Gefühle und Bedürfnisse ernst zu nehmen, ohne dabei die Rolle als Erziehungsperson zu verlassen. Die blosse Vorstellung einer gleichwürdigen Beziehung lässt uns aber noch nicht zu selbstwertfördernden Menschen werden. Dafür müssen wir in unserem Alltag auch konkrete Schritte unternehmen. Anfangen können wir hierbei gleich bei unserem Sprachverhalten gegenüber den Heranwachsenden.

3.3 Die persönliche Sprache

Kinder möchten verstanden werden. Und sie möchten auch verstehen, warum wir Erwachsenen etwas tun oder eben lassen. Spätestens in der Pubertät werden die Jugendlichen manchmal ziemlich lästig und wollen ganz genau wissen, warum sie sich nun kein Tatoo stechen lassen dürfen oder wieso Ausgang bis um 2 Uhr Morgens nicht altersentsprechend ist. Nicht selten sind unsere Antworten auf solch herausfordernde Fragen nicht sonderlich stichhaltig und wir verlieren uns in langfädigen Diskussionen, die meistens für beide Parteien unglücklich enden: Der Sohn darf sich das Tatoo nicht stechen lassen und fühlt sich unverstanden und die Mutter musste wieder einmal laut werden und mit Konsequenzen drohen. Die meisten Eltern haben solche oder ähnliche Situationen schon einmal erlebt. Während sich die Jugendlichen im Laufe ihres Lebens normalerweise zu wehren gelernt haben und ihre Beweggründe artikulieren können, sind die Kinder den Entscheidungen der Eltern oftmals hilflos ausgeliefert. Auch wenn das Kind nicht begreift, warum etwas nicht in Ordnung ist, muss es manche Dinge tun oder unterlassen, nur weil die Eltern es so wollen. Wird das Kind permanent mit solchen (für es) unplausiblen Erklärungen wie „das ist nicht anständig" oder „das tut man nicht" konfrontiert, so lernt es auch nicht sich selber zu sein, sondern nur das, was die Eltern von ihm wollen. Auch Kinder möchten verstehen können und verstanden werden. Und was sie dafür brauchen ist eine Sprache, die sie verstehen können; eine persönliche Sprache. Das liegt auch im natürlichen Bedürfnis des Kindes. Denn schon von Geburt an ist die

Beziehung zwischen Mutter und Kind wie auch die Kommunikation persönlich. Das Kind kann seine Bedürfnisse durch Schreien mitteilen und die Mutter oder der Vater geht idealerweise entsprechend darauf ein. Und weil die Eltern auf das Kind eingehen entsteht in der ersten Lebensphase nach Erikson das Urvertrauen, welches ja massgeblich für die Bildung des Selbstwertes verantwortlich ist (vgl. Erikson: 1973 S. 62). Die Kinder wachsen also mit dieser persönlichen Sprache auf. Juul schreibt dazu: „Die persönliche Sprache ist die erste Sprache, die Kinder zu sprechen beginnen, unabhängig davon, ob ihre Eltern eine persönliche Sprache haben“ (Juul 2007, S. 158). Die persönliche Sprache ist davon geprägt, seine eigenen Bedürfnisse zum Ausdruck zu bringen. Als Grundstock der persönlichen Sprache nennt Juul folgende Ausdrücke:

- *Ich will; ich will nicht*
- *Ich mag; ich mag nicht*
- *Ich will haben, will nicht haben (Juul 2007, S. 158)*

Lernt ein Kind sich so aus zu drücken und werden seine Bedürfnisse von den Eltern entsprechend ernst genommen, so lernt das Kind auch zu sich selber zu stehen. Weil seine Bedürfnisse angenommen sind, kann das Kind sich und seine Gefühle die dahinter stehen auch selber annehmen. In erster Linie sind Erziehungspersonen also dazu aufgefordert, diese Botschaften des Kindes wirklich verstehen zu wollen. Nun ist es aber so, dass wir natürlich nicht auf alle Bedürfnisse und Wünsche unserer Sprösslinge eingehen können. Ein Kind, das sich auf den Geburtstag ein U-Boot wünscht wird es wohl oder übel nicht erhalten. Doch wenn wir dieses Kind wegen seinem utopischen Wunsch auslachen, so werden wir es trotzdem damit verletzen. Vielmehr müssen wir in solchen Situationen lernen, das Kind in seinem Wunsch ernst zu nehmen und ihm eine Antwort darauf geben, die es verstehen kann. Das könnte in etwa so aussehen: „Das mit dem U-Boot ist eine tolle Idee, du wärst sicher ein guter Kapitän! Nur leider kann ich dir diesen Wunsch nicht erfüllen, weil so ein U-Boot viel zu teuer ist. Ich will aber gerne mit dir zusammen anschauen, was du dir sonst noch so auf deinen Geburtstag wünschen könntest. Hast du Lust?“ Dies wäre ein einfaches Beispiel, wie es sich im Alltag abspielen könnte. Der Wunsch des Kindes bleibt zwar unerfüllt, aber es fühlt sich ernst genommen und versteht die Ablehnung des Wunsches nicht als Ablehnung seiner Person (vgl. Juul 2007, S. 158 -167).

Erziehungspersonen müssen die persönliche Sprache aber nicht nur lernen, damit das Kind sie besser versteht, sondern damit das Kind auch eine persönliche Sprache entwickeln kann. Wie bereits oben erwähnt, hat das Kind eigentlich schon eine persönliche Sprache, doch wird es sie mit der Zeit zugunsten der üblichen Sprache des Umfeldes auf die Seite schieben und sich damit dem System anpassen. Damit verlernt es, seine eigenen Bedürfnisse ernst und wichtig zu nehmen. Und schlussendlich schliesst es dann unbewusst darauf, dass seine Bedürfnisse es nicht wert sind, beachtet zu werden. Wenn wir als Erziehende die persönliche Sprache als unsere Umgangssprache pflegen, so helfen wir dem Kind auch dabei, diese Sprache bei zu behalten. Nicht weniger wichtig ist dabei die Tatsache, dass wir Erwachsenen genauso verlernen können unsere Kinder zu verstehen, wenn wir keine persönliche Sprache mit ihnen zu sprechen pflegen. Wir betrachten dann ihre Äusserungen als kindlich und inkompetent und setzen so die Bedürfnisse des Kindes herab. Damit untergraben wir ihr Recht auf eine gleichwürdige Behandlung. Eine persönliche Sprache zu sprechen heisst also letztendlich, dem Kind eine Stimme zu geben, in der es verstanden und gleichwürdig behandelt wird. Das Kind fühlt sich so als Individuum gewertschätzt und erlebt, dass seine eigene Meinung in seinem Umfeld einen Wert hat. Und deshalb wir es auch sich selber als wertvoll erachten.

3.4 Ein "echtes" Vorbild sein

Wenn Kinder und Jugendliche lernen sollen, dass sie gut sind so wie sie sind, dann müssen sie Menschen um sich herum haben, die ihnen in dieser Hinsicht ein "echtes" Vorbild sind. Warum "echt" und nicht nur Vorbild? Wir Menschen haben alle ein Art Idealbild davon wie eine gute Erziehung aussieht. Die Kinder müssen später einmal „..." sein. In der Lücke könnte zum Beispiel Wörter wie „anständig", „grosszügig", „nett" oder „grossherzig" stehen. Diese Vorstellungen prägen uns und wir versuchen deswegen gerne in den jeweiligen Bereichen ein perfektes Vorbild zu sein. Und das weckt wiederum Erwartungen gegenüber dem Kind. Juul warnt uns davor:

Ungefähr die Hälfte der Kinder wird alles tun, was in ihrer Macht steht, um diese Erwartungen zu erfüllen. Die andere Hälfte wird das Gegenteil tun, ... (Juul 2007 wft, S. 73).

Beide Gruppen werden nach seiner Ansicht mit einem niedrigen Selbstwertgefühl zu kämpfen haben, die eine Hälfte, weil sie den Erwartungen nicht gerecht werden und die andere Hälfte, weil sie von den Eltern keine positiven Signale erhalten. Ein "echtes" Vorbild sein heisst so zu sein, wie man ist, mit all den Fehlern und Schwächen, mit allen Ecken und Kanten die man hat. Warum brauchen Kinder ein solches Gegenüber? Weil jedes Kind anders ist. Und egal wie sehr Andersartigkeit auch als gut und erstrebenswert erachtet wird, sie kann auch Angst machen. Unsere Kinder wachsen in einer Gesellschaft auf, die es liebt sich mit einander zu vergleichen. Da kann ein unsportliches Kind schnell einmal das Gefühl haben, seine Andersartigkeit sei in dieser Hinsicht nicht sonderlich förderlich. Noch schlimmer ist es, wenn das Kind plötzlich Angst davor hat etwas falsch zu machen, weil es in einem bestimmten Bereich nicht mehr mit seinen gleichaltrigen Freunden mithalten kann und es dann lieber gar nichts mehr macht. Solche Dinge passieren zweifellos in unserer Gesellschaft. Wenn das Kind dann aber noch in einer Atmosphäre aufwächst, in dem die Eltern perfekt zu sein scheinen und ebenso ein korrektes Benehmen von ihm verlangen, dann wird es ganz schwierig für das Kind zu seinen Eigenheiten zu stehen. Und deswegen müssen wir dem Kind ein Gegenüber sein, welches authentisch ist. Ein Gegenüber, welches dem Kind aufzeigt, dass Fehler passieren dürfen, "Schwächen" normal sind und Unterschiedlichkeit das Leben bereichert. Das erfordert in manchen Situationen sehr viel Mut. Ich denke dabei zum Beispiel an eine echte Entschuldigung beim eigenen Kind (natürlich ohne Rechtfertigung), weil man etwas falsch gemacht hat oder an das Zugestehen von eigenem Fehlverhalten in einer hitzigen Diskussion. Und es gäbe noch viele weitere Beispiele die hier erwähnt werden könnten. Das Ziel als Eltern ein "echtes" Vorbild zu sein, ist schlussendlich immer das Gleiche: Das Kind soll dabei lernen zu sich selber und zu seinen Gefühlen zu stehen. Vorbild sein kann man also erst dann, wenn man von sich selber nicht mehr den Anspruch hat perfekt zu sein. Schütz meint dazu:

Erzieher werden also da am ehesten zum Vorbild, wo sie eingestehen es nicht vollkommen sein zu können und wo jeder solche Anspruch aufgegeben wird (Schütz 1998, S. 185).

Ziel ist es ja schlussendlich auch nicht, dass ein Kind so wie das erwachsene Vorbild wird. Vielmehr soll anhand des Vorbildes lernen, es selber zu sein. Zwar lernt es gewisse Eigenschaften zu imitieren oder eignet sich optimalerweise Fertigkeiten wie die persönliche Sprache des Vorbildes an, aber es wird sich niemals gänzlich dem Vorbild anpassen können. Das Vorbild soll schlussendlich ein Spiegel sein, in dem sich das Kind selber erkennen kann und der Erzieher als eigenständige Person wahrgenommen wird.

Viele Eltern haben aber auch Angst durch ein authentisches Vorleben ihre Stellung als Autoritätspersonen zu verlieren, weil sie dem Kind so eine Angriffsfläche bieten. Das stimmt, man muss mit Konflikten rechnen und das kann durchaus beängstigend sein. Ich glaube aber, dass Kinder spätestens im Jugendalter sowieso damit anfangen werden unsere bis dahin aufgebauten Schutzmauern zu torpedieren und dadurch ein authentisches Verhalten von uns fordern. Schütz formuliert es so: „Junge

Menschen wünschen sich nicht Erzieher, die sie manipulieren mit technischen Vorstellungen von Erziehung, sondern Menschen, die als Personen auf sie zugehen und sie selbst als Personen wahrnehmen" (Schütz 1998, S. 184). Es braucht also Authenzität von seiten der Erwachsenen, egal wie viel es uns kostet. Juul behauptet sogar, dass echte Authenzität uns letztendlich weniger kosten wird, weil es am Ende genau das Gegenteil bewirkt, wovon Eltern Angst haben: es vermittelt echte, persönliche Autorität. Weil das Kind spürt, dass der authentische Erwachsene sich seine Beweggründe gut überlegt hat, nimmt es den getroffenen Entscheid und die Autorität des Erwachsenen auch an. Dies hat nach Juul schlussendlich auch einen positiven Einfluss auf die Bearbeitung und Lösung von Problemen und Konflikten in Familien und fördert einen warmherzigen Umgang untereinander. (vgl. Juul 2007 wft. S. 68, 69).

Wenn wir aber authentisch sein wollen, dann müssen wir gelernt haben, uns selber an zu nehmen. Erst dann können wir das Gegenüber auch so annehmen wie es ist. Und noch viel mehr! Erst dann wird das Kind auch selber lernen zu sich selber zu stehen. Es darf dann nämlich zu seinen Schwächen stehen, weil der Vater auch zu seinen Schwächen steht. Es darf einmal wütend sein, weil auch die Mutter manchmal wütend ist und die Welt nicht gleich untergeht. Und es wird echte Freude an seinen Stärken haben, nicht weil es eine Leistung vollbringt, sondern weil es sich einfach nur an seinen eigenen Fähigkeiten freut. Doch bei aller Authentizität, die wir Eltern bieten können, dürfen wir trotzdem nicht vergessen, dass Kinder sich an etwas festhalten wollen. Für ein Kind ist es beruhigend, wenn die Mutter sich für einen unangebrachten Wutausbruch entschuldigen kann. Wenn das nun aber regelmässig vorkommt, dann reicht es dem Kind nicht, wenn die Mutter einfach nur zu ihrer Schwäche steht. Das Kind braucht auch eine Richtlinie, was denn nun ein angemessene Reaktion wäre. Dafür gibt es Werte.

3.5 Werte leben

Unsere Werte – ob bewusste oder unbewusste – prägen unser Denken, Fühlen und Handeln ein ganzes Leben lang. Wertehaltungen beeinflussen Ziel, Zweck und Motivation eines Menschen und weisen auf Gründe für das jeweilige Verhalten hin (Standop, 2005, S. 16).

Kinder brauchen Werte, an denen sie sich orientieren können. Werte sind wie Regeln oder vielleicht besser gesagt Richtlinien, die das Zusammenleben in der Familie wie auch in der Gesellschaft erleichtern. An ihnen können die Kinder ihr eigenes

Verhalten, wie auch das Verhalten ihrer Eltern messen. Satir, die „die Familie“ als Fabrik eines gesunden Selbstwerts bezeichnet sagt folgendes:

Ein neugeborenes Kind hat keine Vergangenheit, keine Erfahrungen im Umgang mit sich selbst und keinen Massstab, an dem es seinen eigenen Wert messen könnte. Es muss sich verlassen auf die Erfahrungen mit seiner Umwelt und die Botschaften, die es von dort bekommt hinsichtlich seines Wertes als Mensch“ (Satir 1993, S. 42).

Ein Kind ist also in den ersten Jahren vollkommen abhängig von der Wertevorstellung seiner Eltern und dies nicht nur im Hinblick auf seinen eigenen Wert, sondern auch auf die gelebten Werte und Massstäbe in der Familie. Dies gilt vor allem, wenn sich die Eltern aus welchen Gründen auch immer in einer Phase befinden, wo sie Schwierigkeiten haben, dem Kind angemessen und authentisch zu begegnen. Das Kind kann sich in dieser Zeit wenigstens an den erlernten Werten festhalten, wenn es schon in seinem Gegenüber keine selbstwertförderlichen Absichten erkennt.

Aber auch den Eltern selber hilft ein klare Wertevorstellung in ihrem Leben und zwar dann, wenn sie in ihrem Umfeld nach eigenen Werten leben können. So meint Schütz zum Beispiel in Bezug auf die Konfliktfähigkeit: „Wer sein Leben nach Werten ausrichtet, ist auch bereit, dafür Konflikte in Kauf zu nehmen“ (Schütz 1998, S. 154). Nicht weil diese Person Konflikte mag, sondern weil sie der festen Überzeugung ist, dass die eigenen Werte es verdienen, verteidigt zu werden. Werte können also auch den Eltern Mut und Sicherheit in ihrem eigenen Erleben und dadurch in ihrem Selbstwert geben.

Ich möchte hier nicht weiter darauf eingehen, welche einzelnen Werte denn nun förderlich oder hinderlich für einen gesunden Selbstwert sind. Je nach Familie können diese Wertevorstellungen vollkommen anders sein. Aber ich bin überzeugt davon, wenn eine Familie sich ernsthaft mit ihren Werten auseinander setzt und sie auch authentisch zu leben versucht, dann wird das denn einzelnen Familienmitgliedern Sicherheit geben. Hierzu ist eine offene aber bisweilen auch klare Haltung notwendig. Schütz warnt zum Beispiel vor einer Wertevergötzung am Beispiel der Gesundheit:

Jedoch kann die Wertevorstellung in bester Absicht problematisch werden, wenn Werte überbewertet oder geradezu vergötzt werden. Wenn beispielsweise Gesundheit zu einem solchen vergötzten Wert gemacht wird, stellt der Mensch sich selber in Frage. Wenn Gesundheit so wichtig wird, dass ohne Gesundheit alles nichts ist, sagen wir damit nicht mehr und nicht weniger, als dass Leben nur dann einen Wert hat, wenn wir gesund sind (Schütz 1998, S. 155).

Werte sollen hinterfragt, angepasst oder durch bessere Werte ersetzt werden dürfen. Nur so ist es möglich, dass Werte nicht zu starren Grenzen gemacht werden, welche eine Gemeinschaft eher zu einem Gefängnis macht als in die Freiheit führt. Spätestens wenn einzelne Werte wie im obigen Beispiel geradezu vergötzt werden, ist eine Anpassung vonnöten. Grundsätzlich sollte ein Wertesystem aber auch so konstant wie möglich bleiben, damit es einer Familie die nötige Sicherheit und Stabilität geben kann. Zum Vergleich könnte man sich das optimale Wertesystem wie ein Haus vorstellen, das beständig ist. Zwar wird immer wieder einmal etwas an der Fassade verändert, ein Wintergarten oder eine Terrasse kommt hinzu oder die Wände werden neu gestrichen. Beim einten Haus muss vielleicht ein bisschen mehr renoviert werden und auch im Inneren ein, zwei Wände herausgebrochen werden und bei einem anderen Haus ist nur noch ein neuer Rasen neben der Garage zu legen, aber das Haus bleibt schlussendlich bestehen.

Gerade in Sozialen Institutionen erscheint mir eine klare Wertevorstellung dringend notwendig zu sein. Denn anders als in einer Familie bringt jede(r) Mitarbeitende wieder seine eigenen Vorstellungen mit zur Arbeit. Und gerade für Kinder, die ja auch schon von ihrem zu Hause gewisse Wertevorstellungen mitgebracht haben, wird es zum reinen Chaos, wenn in diesem Punkt nicht Klarheit vermittelt wird. Woran soll sich das Kind sonst festhalten, wenn im Bereich Personal sowieso schon alle paar Monate wichtige Bezugspersonen ausgewechselt werden, die wieder eine neue Dynamik in das Team und die Institution bringen.

Zusammengefasst gewährt also ein gutes Wertesystem eine gewisse Sicherheit und Stabilität innerhalb eines Systems. In dieser Atmosphäre ist es dann auch möglich authentisch miteinander zu leben, weil die Werte dazu gewisse Richtlinien geben, auf welche die Erziehenden wie auch die Kinder in Konfliktsituationen hinweisen und sich daran festhalten können. Wenn diese Wertevorstellungen ebenfalls authentisch und nicht einengend gelebt werden, dann erleben die Mitglieder des Systems eine Freisetzung in ihrem Leben. Sie werden als kompetentes und gleichwürdiges Gegenüber angenommen und erachten sich als wertvoll.

3.6 Verantwortung abgeben

Ein weiterer wichtiger Punkt in der Erziehung zum Selbstwert ist der Bereich der Verantwortung. Wie bereits mehrfach erwähnt, haben Erziehende eine Verantwortung gegenüber dem Kind zu erfüllen. Sie sollen den Heranwachsenden neben vielen anderen Pflichten authentisch begegnen, ihnen Werte vermitteln und sie gleichzeitig als Persönlichkeit akzeptieren. Was zwar viel Arbeit bedeutet, machen viele Eltern aber sehr gerne, weil sie ihre Kinder ja lieben. Die Gefahr darin besteht, wenn Erziehende eine Überverantwortung übernehmen und so dem Kind jegliche Form von Eigenverantwortung abnehmen. Das Kind wird dies unweigerlich als einengend empfinden und bewusst oder unbewusst an seiner Fähigkeit als eigenständige Persönlichkeit zweifeln. Dabei ist es für die Entwicklung des Selbstwertes wichtig, dass heranwachsende Menschen ihre Selbstwirksamkeit entdecken. Schütz sagt dazu: „Wer mit seiner Person in die Welt hinauslangt und in seinen Augen für die Welt Wertvolles schafft, erfährt dieses Tun als Aufwertung seiner Person“ (Schütz 1998, S. 153). Damit ist nicht das Vollbringen einer Leistung und das anschliessende Lob gemeint, sondern die Erfahrung, dass der Mensch als Persönlichkeit etwas bewegen und bewirken kann. In unserer Institution machen wir zum Beispiel die Erfahrung, dass einige unserer Kinder und Jugendlichen sehr gerne und sogar in ihrer Freizeit in der Landwirtschaft mithelfen. Sie machen dies grundsätzlich nicht deswegen, weil die Arbeit ihnen Spass macht (die ist bisweilen nämlich sehr anstrengend und mühsam), sondern weil sie mit ihrem Körper etwas bewirken und gestalten können. Schütz schreibt zur Verwirklichung schöpferischer Werte des Menschen: „Er erfährt dabei auch etwas von sich selbst, was ihm Freude macht, Befriedigung verschafft, was für ihn sinnvoll ist, bei welchen Beschäftigungen er sich ganz lebendig fühlt, was er weniger gut oder besonders gut kann“ (Schütz 1998, S. 153). Eltern, die ihren Kindern jegliche Verantwortung in ihrem leben abnehmen, verhindern so auch eine gesunde Entwicklung zur Eigenverantwortung hin. Ziel der Erziehenden sollte es also sein, dem Kind seinem Alter entsprechend Verantwortung für sein eigenes Leben zu übergeben. Und das muss schlussendlich bei jedem Kind individuell gestaltet werden. So kann ein Kind vielleicht schon mit 5 Jahren eigenständig ein Brot einkaufen gehen, während ein anderes Kind im gleichen Alter vielleicht erst die Verantwortung für den Schulweg übernehmen kann. Natürlich kann es für ein Kind auch schädlich sein, wenn man ihm zu viel Verantwortung übertragen möchte und es dabei immer wieder scheitert. Grundsätzlich gilt aus meiner Sicht aber, lieber dem Kind einmal etwas mehr zutrauen, als etwas weniger. Es bricht keine Welt zusammen, wenn dem Teenager bei ihrem ersten Kochversuch etwas anbrennt oder dem 4 Jährigen beim Tischdecken ein Teller aus der Hand gleitet (vorausgesetzt, die Erziehenden verhalten sich nicht demütigend gegenüber dem Kind). Viel grösser ist aber der Scherbenhaufen, wenn ein Jugendlicher sich im Alter von 18 Jahren vollkommen untauglich für diese Welt fühlt, weil ihm nie jemand etwas zu getraut hat.

Erwachsene müssen also lernen, Verantwortung ab zu geben. Sie müssen dabei, so Schütz, lernen, dass Erziehung auch seine Grenzen hat, nämlich dort wo die beteiligten Personen diese Grenzen setzen und selber Verantwortung für ihr Leben übernehmen. „Daher übernimmt ein Erzieher eine Verantwortung für sich und sein Handeln, aber keine allumfassende Verantwortung für das gesamte Erziehungsgeschehen, insbesondere für dem zu Erziehenden" (Schütz 1998, S. 182). Damit wird dem Kind eine Freiheit als eigenständige Person vermittelt. Und diese Verantwortung der persönlichen Freiheit können Kinder auch tragen. Juul schreibt dazu: „Kinder sind von Geburt an in der Lage, ihren persönlichen Verantwortungsbereich und ihre Integrität zu erkennen zu geben" (Juul 2007, S. 162). Was sie aber noch nicht können, ist sich vor Manipulationen durch ältere Kinder und Erwachsene zu schützen. Sie sind deswegen abhängig davon, ob wir als Erziehende ihnen eine persönliche Verantwortung übergeben wollen. Auch wissen Kinder sehr wohl, wozu sie Lust haben, aber nicht unbedingt immer, was sie wirklich brauchen. Und auch hier gilt es, unsere Verantwortung als Erziehende wahr zu nehmen, aber dem Kind auch die nötige Selbstbestimmung und Freiheit zukommen zu lassen.

Indem wir unseren Zöglingen also Verantwortung in ihrem Leben überlassen und ihnen etwas zutrauen, lernen die Kinder auch auf sich selber zu vertrauen. Sie schätzen sich selber als wertvoll ein, weil sie Selbstwirksamkeit erleben. Und daraus kann sich ein gesunder Selbstwert entwickeln.

3.7 Christliche Erziehung

Wenn wir von Werten sprechen, welche die Einmaligkeit und Einzigartigkeit einer Person hervorheben sollen, dann landen wir unweigerlich bei der christlichen Erziehung. Mir ist bewusst, dass hierin nicht alle gleicher Meinung sind. Christliche Erziehung kann auch der Inbegriff von Wertevergötzung sein. Genug oft sind Sätze wie „Wer sein Kind liebt, der züchtigt es" (abgeleitet von der Bibel, Spr. 13, 24) hinter dem Deckmantel von christlicher Wertevorstellung versteckt worden oder haben Kinder unter einer konservativen christlichen Erziehung so stark gelitten, dass sie davon ernsthafte psychische Schädigungen mitgenommen haben. Aber davon spreche ich hier nicht. Christliche Erziehung ist meiner Meinung nach auch nicht abgesondert von den Theorien und Ansätzen, die im Laufe dieser Arbeit behandelt worden sind. Im Gegenteil, ich würde eher sagen, dass die hier genannten Ansätze sich im Wesentlichen aus einer tief christlichen Werteprägung heraus entwickelt haben, die das Bild Europas schon seit Jahrhunderten durchdringen. Natürlich war die teils sehr starre und rigide Haltung der Kirche gegenüber neuen Forschungen und Erkenntnissen wenig förderlich (denken wir zum Beispiel an Galileo Galilei). Aber glücklicherweise haben sich die bekannten Persönlichkeiten im Bereich der

Psychologie und Pädagogik nur selten davon beeindrucken lassen und der Menschheit in den vergangenen Jahren viele wertvolle Erkenntnisse über das Innenleben einer Person geschenkt. Dies alles aber immer unter dem Einfluss einer christlich geprägten Gesellschaft.
Für mich bedeutet christliche Erziehung deswegen auch, mit den heute bekannten und anerkannten Ansätzen und Theorien zu arbeiten. Natürlich dürfen und sollen diese Methoden auch kritisch hinterfragt und überprüft werden, aber sie verdienen unsere Beachtung. Und gerade im Bereich des Selbstwertes zeigen sich für mich sehr viele Parallelen zu den christlichen Werten auf. Wenn Juul etwa über Authentizität oder Vorbild spricht (vgl. Juul 2007 wft, S. 67 ff.), dann können wir dies auch mit der Aussage von Paulus im Römerbrief vergleichen : „Unser Leben soll vorbildlich und ehrlich sein, damit es vor den Augen anderer Anerkennung findet" (Neues Leben 2008, Rö. 13, 13). Oder wenn Schütz vom Kind als gleichwertiges Gegenüber berichtet (vgl. Schütz 1998, S. 169), müssen wir uns nur ansehen, wie Jesus mit Kindern umgegangen ist: „Lasst die Kinder zu mir kommen. Hindert sie nicht daran! Denn das Reich Gottes gehört Menschen wie ihnen" (Neues Leben 2008, Mk. 10, 14). Aufgrund solcher und vieler anderen Aussagen lehrt uns die Bibel, wie wir unseren Mitmenschen in Liebe und Achtung gegenübertreten sollen. Christliche Erziehung geschieht meiner Meinung nach dort, wo sich Menschen diese Gebote Gottes zu Herzen nehmen und sie nach bestem Wissen und Gewissen in ihrem Umgang mit Kindern einfliessen lassen. Ich finde, Paulus drückt das mit seinen Worten am besten aus: „Liebt einander mit aufrichtiger Zuneigung und habt Freude daran, euch gegenseitig Achtung zu erweisen" (Neues Leben 2008, Rö. 12, 10). Diese Liebe für- und Achtung voreinander ist nicht abhängig davon, wie sich eine Person uns gegenüber verhält, sondern sie ist ein Wert, den wir gegenüber jedem Menschen zu leben versuchen sollen. Was uns in der christlichen Erziehung dabei hilft, ist unser Glauben an Gott und an die Wahrheit seiner Worte. Weil Er jeden einzelnen Menschen für einmalig und einzigartig hält, können wir unsere Kinder und Jugendlichen auch für einmalig und einzigartig ansehen. Der Blickwinkel von Gott hilft uns besonders, wenn wir vielleicht einmal wütend auf einen Klienten oder eine Klientin sind oder von ihnen enttäuscht wurden. Wir können dann unsere schlechten Gedanken über der jeweiligen Person beiseite lassen, uns auf Gottes Sicht über diesem Menschen berufen und ihm so in Annahme und Liebe anstelle von Ablehnung begegnen. Dabei scheint mir noch wichtig zu erwähnen, dass christliche Erziehung wie ich sie hier erwähne, nicht zum Ziel hat, Kinder oder Jugendliche in gläubige Menschen zu verwandeln (das ist schlussendlich ihre eigene Entscheidung), sondern ihnen mit Würde und Respekt zu begegnen. Das heisst für mich nicht, dass ich meine

Überzeugung und den Glauben an Gott verbergen muss. Aber ich dränge mich damit nicht auf, sondern biete dem Klientel Begegnungsmöglichkeiten mit dem Glauben, die sie freiwillig nutzen können. Dies kann zum Beispiel im Erzählen von biblischen Geschichten oder vor dem Schlafen gehen durch ein kurzes Gebet geschehen. Nach meiner Erfahrung bewegt ein Gebet wie „Lieber Gott, ich danke dir dass du (Name des Kindes) so wunderbar und einzigartig gemacht hast! Ich weiss, dass du ihn sehr fest liebst!", sehr viel mehr in einem Kind, als wenn ich es für eine schöne Zeichnung oder einen gelungenen Salto vom Sprungbrett lobe. Ebenfalls gibt es einige gute Bücher, die Kindern und Jugendlichen in Form von einfachen Geschichten näher bringen, dass sie in den Augen Gottes wertvoll und einzigartig sind. Zwei davon möchte ich hier kurz vorstellen:

Du bist einmalig (Max Lucado)

Die Wemmicks sind ein kleines Volk von Holzpuppen und wohnen in einem kleinen Städtchen. Sie sind alle vom gleichen Holzschnitzer gemacht worden und unterscheiden sich alle von einander. Irgendwann einmal kommen die Wemmicks auf die Idee, sich gegenseitig zu bewerten, indem sie sich für gutes Aussehen oder eine spezielle Begabung Sternchen, sowie für schlechtes Aussehen und unbegabtes Auftreten gegenseitig Pünktchen anstecken. Punchinello gehört zu der letzteren Sorte und ist mit seinem Schicksal, sehr unzufrieden, bis er eines Tages den Holzschnitzer Eli kennen lernt. Er erinnert Punchinello daran, von wem er gemacht wurde und lässt ihn erkennen, wie einzigartig und einmalig er ist (vgl. Lucado 2007, ganzes Buch).

Nicht wie bei Räubers (Ursula Marks)

Tom ist ein kleiner Junge, der inmitten einer Bande von Räubern aufwächst. Dort lernt er auch nach den Sitten und Bräuchen dieser ungehobelten Bande zu leben. Eines Tages, nachdem die Räuber ihn wieder einmal in einer dunklen Höhle eingesperrt haben, wacht Tom zu seiner Überraschung im Schloss eines Königs auf. Bevor er sich genau bewusst wird, was geschehen ist, wir Tom gewaschen, neu und prachtvoll bekleidet und darf sogar dem König gegenüber treten, bei dem er zum ersten Mal wahre Liebe und Angenommensein erlebt. Damit beginnt für Tom ein völlig neues Leben an der Seite des Königs (vgl. Marc 2004, ganzes Buch).

Diese und weitere Bücher von Ursula Marc und Mac Lucado greifen das Thema Selbstwert auf der Ebene des Selbstgefühls auf und sind deshalb in meinen Augen sehr zu empfehlen. Sie zeigen nicht nur den Gedanken von einem Schöpfergott auf, sondern lassen Kinder und Jugendliche darüber nachdenken, auf was sie ihren eigenen Wert im Leben gründen wollen.

Viel mehr möchte ich hier aber nicht mehr über christliche Erziehung schreiben, weil das zu weit greifen würde. Es reicht für mich auf zu zeigen, dass durch den Glauben an Gott eine Wertehaltung gegenüber den Menschen gelebt wird, die ihm hilft, sich als einzigartig und einmalig an zu sehen. Alles was diese Haltung zu sich selber unterstützt, dient schlussendlich der Entwicklung eines gesunden Selbstwerts. Und weil diese Werte auf Gott gegründet sind, müssen sich die Erziehenden nicht auf ihre eigenen Wertevorstellungen beziehen, sondern haben einen festen Halt in Ihm.

3.8 Umsetzung im Arbeitsalltag

Wie zu Beginn des 3. Kapitels schon gesagt ist es schwierig, den Selbstwert mithilfe einer Methode oder einer gewissen Technik zu stärken. Weil der Selbstwert auf einer sehr persönlichen Ebene gebildet wird, können auch die Interventionen nicht verallgemeinert werden, sondern müssen dem Menschen als Individuum angepasst werden. Das erfordert vor allem von der Seite der Erziehenden viel Einfühlungsvermögen in die Kinder und Jugendlichen und eine Bereitschaft zur Arbeit an der eigenen Person. Die oben genannten Ansätze können den Erziehenden dabei helfen, sich selber und die Arbeitsweise der eigenen Institution zu hinterfragen und nach Bedarf an zu passen. Weil sich aber die Mitarbeitenden in sozialen Institutionen nicht alle die Zeit nehmen können, um sich so detailliert mit dem Thema Selbstwert auseinander zu setzen, habe ich versucht meine Erkenntnisse zusammen zu fassen und sie in Form von Arbeitsblättern zu konkretisieren. Mit spezifischen Fragestellungen zu den Themen „persönliche Sprache", „Vorbild sein", „Werte" und „Verantwortung abgeben" können sich die Erziehenden Gedanken zur Umsetzung im Arbeitsalltag machen. Diese Arbeitsblätter finden sich im Anhang meiner Diplomarbeit (siehe Kap. 6. Anhang) und sind so ausgearbeitet, dass man sie für sich alleine aber auch als ganzes Team mit relativ wenig Zeitaufwand bearbeiten kann.

4. Auswertung

4.1 Wo liegt der Ursprung von Selbstwert?

Der Ursprung des Selbstwertes liegt darin, sich selber als einmalig und einzigartig an zu nehmen ohne sich dabei auf eine vollbrachte Leistung, sein eigenes Können oder eine Begabung stützen zu müssen. Jeder einzelne Mensch ist gut und wertvoll, einfach nur weil er ist. Juul nennt dieses Wissen um sich selber, das „Selbstgefühl", Schütz bezeichnet es als den „Grundwert" eines Menschen. Beide Autoren sind zu der Überzeugung gelangt, wenn dieser Grundwert bei einer Person nicht vorhanden ist, dann ist es für sie unmöglich Selbstwert auf zu bauen. Wenn die Person schon von Grund auf keinen Wert besitzt, dann kann alles was sie in ihrem Leben macht, ihr auch nicht wirklich Wert geben, weil sie sich selber als wertlos betrachtet. (vgl. Schütz 1998, S. 150/ Juul 2007, S.96).

Das Ziel in diesem Punkt war, den Ursprung oder die Basis des Selbstwertes heraus zu finden, was ich aus meiner Sicht geschafft habe. Für mich war dies die zentrale Frage. Wenn ich hierauf keine Antwort gefunden hätte, dann wäre der ganze Sinn und Zweck meiner Diplomarbeit in Frage gestellt worden. Ich würde so noch immer nicht wissen, auf was es bei der Bildung des Selbstwertes wirklich ankommt. Deswegen bin ich zufrieden mit der Ausarbeitung dieser Frage.

4.2 Was sind fördernde/hemmende Faktoren in der Selbstwertentwicklung?

Diese Frage war relativ offen formuliert. Ziel für mich war es, aus der verarbeiteten Theorie möglichst viele fördernde und hemmende Faktoren heraus zu arbeiten und nicht, alle möglichen Faktoren, die den Selbstwert beeinflussen könnten, heraus zu finden. Dabei bin ich auf Faktoren gestossen, auf die ich keinen wesentlichen Einfluss habe, wie zum Beispiel die Entwicklung des Urvertrauens nach Erikson oder der Einfluss der Familie auf den Selbstwert nach Satir (vgl. Kapitel 2.3.1 und 2.3.2), Diese Faktoren sind interessant zu wissen, aber helfen mir nicht wesentlich bei der Förderung des Selbstwertes in meiner Institution weiter. Viel spannender für mich waren die fördernden und hemmenden Faktoren, welche ich im Bereich des Selbstgefühls erarbeitet habe. Diese helfen mir auch die Folgefrage „Wie kann Selbstwert gestärkt werden?" zu beantworten.

4.3 Wie kann Selbstwert gestärkt werden?

Selbstwert wird gestärkt, indem wir einer Person dabei helfen, sich selber als einzigartig und einmalig wahr zu nehmen, oder anders ausgedrückt, indem wir ihr Selbstgefühl vermitteln. Dies geschieht durch das Sprechen einer persönlichen Sprache, durch authentisches Vorleben und durch eine klare Wertehaltung in der Familie/Institution. In all dem drin soll das Kind als kompetentes Gegenüber wahrgenommen werden und ihm Verantwortung für sein eigenes Leben zugetraut werden. Das geschieht optimalerweise alles, wenn die Person in einer Atmosphäre von Liebe und Annahme aufwächst.

Ich glaube, wenn man sich dies in der Erziehung von Kindern und Jugendlichen zu Herzen nimmt, dann kann der Selbstwert wesentlich beeinflusst und gestärkt werden. Sicher gibt es auch noch mehr Einflussfaktoren auf den Selbstwert, die hier nicht erwähnt werden. Die hier erarbeiteten Ansätze zielen aber im Wesentlichen auf die Entwicklung des Selbstgefühls, den Ursprung des Selbstwertes. Sie greifen das Problem der Selbstwertentwicklung also bei der Wurzel an und geben so ein Fundament, was für jeden weiteren Aufbau zu einem gesunden Selbstwert tragend sein wir. Und damit habe ich aus meiner Sicht eine befriedigende Antwort auf diese Frage gefunden.

4.4 Welchen Einfluss hat der christliche Glauben auf den Selbstwert?

Der christliche Glauben hat in zweierlei Hinsichten einen Einfluss auf den Selbstwert. Einerseits durch den eigenen, persönlichen Glauben und andererseits durch eine christliche Erziehung.

Glauben an Gott; Wenn der Mensch eine Beziehung zu Gott hat und die biblischen Aussagen über den Wert des Menschen glauben kann, dann glaubt er auch an seine Einzigartigkeit und Einmaligkeit. Sein Wert ist nicht mehr durch die Aussagen seiner Mitmenschen bestimmt, sondern durch die beständige Aussage Gottes über seinem Leben. Natürlich ist der Mensch auch dann noch durch seine Umwelt beeinflussbar, aber er hat durch die Gewissheit von Gottes Liebe zu ihm einen festen Anker in seinem Leben, der ihm auch in schwierigen Zeiten einen festen Halt gibt und ihn nicht an sich selber zweifeln lässt. Christliche Erziehung; Auch wenn eine Person nicht an Gott glaubt, kann Gott ihr durch andere Menschen helfen, den Selbstwert zu stärken. Christliche Erziehung heisst eigentlich nichts anderes, als den Menschen so zu begegnen, wie Gott uns begegnet: Mit Liebe, Mitgefühl und Annahme. Alles was wir in dieser Arbeit über die Erziehung zum Selbstwert gelernt haben, kann und soll auch in der christlichen Erziehung gelebt werden.

Für mich ist damit diese Frage befriedigend beantwortet worden. Ich glaube, die wesentlichsten Punkte, die durch den christlichen Glauben den Selbstwert beeinflussen, habe ich heraus gearbeitet.

4.5 Theorie-Praxistransfer

Die Hauptschwierigkeit meiner Diplomarbeit war von Anfang an die Frage, wie Selbstwert in der alltäglichen Arbeit vermittelt werden kann. Die Theorie klingt relativ einfach und logisch: Man muss Kindern und Jugendlichen das Gefühl geben, wertvoll zu sein. Doch in der Praxis stellen sich den Erziehenden viele Herausforderungen in den Weg, die nicht immer einfach zu bewältigen sind. Schon alleine der Faktor, dass wir als Mitarbeitende niemals die Rolle der Eltern ersetzen können, macht einen Unterschied. Dann fehlt uns oftmals auch die Zeit oder der Raum, wo wir den Kindern und Jugendlichen persönlich begegnen können, weil wir für das ganze Klientel Verantwortung tragen und schlussendlich kommen noch eine Vielzahl von anderen Aufgaben hinzu, die wir zu bewältigen haben. Aber genau deswegen finde ich die auf den Arbeitsblättern genannten Ansätze sehr praxisnah. Wir müssen nicht noch einmal eine zusätzliche Methode in unser Repetoir aufnehmen und uns damit wiederum mehr Arbeit aufladen. Nein, wir tun noch genau das selbe wie vorher, nur verändern wir unsere Ausdrucksweise (persönliche Sprache/Vorbild sein) und unsere Haltung (Werte leben/Verantwortung abgeben) gegenüber den Kindern und Jugendlichen. Ob wir damit bei unserem Klientel wirklich einen entscheidenden Unterschied in der Entwicklung des Selbstwerts erleben können, erfahren wir nur, wenn wir über einen längeren Zeitraum so zu arbeiten beginnen. Das war aber leider im Rahmen dieser Arbeit nicht heraus zu finden.

5. Abschluss

5.1 Schlusswort

Die Arbeit rund um das Thema Selbstwert war hoch spannend und hat meine Denkweise über den Umgang mit Kindern und Jugendlichen im Laufe des Prozesses stark verändert. Bisher fiel es mir schwer zu glauben, dass wir als Erziehende einen wesentlichen Einfluss auf die Entwicklung von Selbstwert haben können. Ich kannte zwar schon vorher einige Ansätze und Methoden und versuchte sie im Laufe meiner Ausbildung auch an zu wenden. Der Aufwand war meistens sehr hoch, aber der Erfolg schien aus zu bleiben Und deswegen kam ich immer mehr zur Überzeugung, jede Person sei selber für ihren Selbstwert verantwortlich und müsse einfach lernen mit den äusseren Einflüssen um zu gehen. Zwar glaube ich auch jetzt noch daran, dass jeder Mensch eine Eigenverantwortung für seinen Selbstwert hat, aber ich weiss auch wie und wo ich Kinder und Jugendlichen gegenüber durch mein Verhalten eine Hilfestellung bieten kann. Erstaunlicherweise haben die gefundenen Ansätze alle etwas mit dem Aspekt einer gesunden Beziehung zu tun. Für die Umsetzung im Alltag bedeutet dies eigentlich nichts anderes als: Sei einfach du selber und begegne dem Kind in Liebe, Annahme und Respekt. Für mich sind diese Ansätze also nicht nur für ausgebildete SozialpädagogInnen anwendbar, sondern können jeder Person dienen, die in irgendeiner Art und Weise in Beziehung zu anderen Menschen lebt.

Im Weiteren hat mir diese Arbeit aufgezeigt, wie wichtig der Glauben an Gott für die Entwicklung des Selbstwertes sein kann. Gerade weil der Ursprung in der Grundannahme seiner/ihrer Selbst als Individuum liegt (Selbstgefühl), braucht der Mensch jemanden, der ihm auch dieses Gefühl gibt, gut zu sein wie er ist. Und weil Gott so über uns denkt, dürfen auch wir Menschen diese Anerkennung als Person in Anspruch nehmen und in unserer Funktion als Erziehende anderen Menschen in dieser Annahme begegnen.

Leider hat mir in diesem Rahmen die Zeit gefehlt, um meine Erkenntnisse gezielt in der Praxis umsetzen zu können und so kann ich nun auch nicht vom Erfolg der erarbeiteten Ansätze erzählen. Trotzdem habe ich aber in meinem Arbeitsalltag schon einige Male mein eigenes Handeln hinterfragt und bin einem Kind anders begegnet, als ich es sonst tun würde. Meine bisherigen Erfahrungen haben gezeigt, dass sich diese Kinder und Jugendlichen dadurch viel ernster genommen fühlten und manchmal sogar ein Strahlen über ihre Gesichter huschte. Und Nur schon deswegen hat sich für mich die Auseinandersetzung mit dem Selbstwert gelohnt.

5.2 Danksagung

Viele Personen haben mir im Laufe meiner Diplomarbeit in zahlreichen Gesprächen und Diskussionen wertvolle Inputs zum Thema Selbstwert gegeben, wofür ich sehr dankbar bin. Einigen Menschen möchte ich hier aber noch speziell Danke sagen:

Paul Liniger: Du hast mir als offizieller Begleiter viel Freiraum in der Entstehung meiner Diplomarbeit gegeben, was ich auch gebraucht habe. Nur so wurde diese DA zu meiner persönlichen Arbeit. Und trotzdem hat es mir nicht an Unterstützung von deiner Seite gefehlt. Danke vielmals.

Marc Peterhans: Als Schulleiter von icp und gleichzeitige Klassenbegleitung unseres Studiengangs hat er uns frühzeitig und gut auf die bevorstehende Diplomarbeit vorbereitet und uns während des Prozesses wo es ging unterstützt.

Christian Streit: Gemeindeleiter der evangelischen Gemeinde Bremgarten, Freund und Mentor. Er hatte für mich während der ganzen Diplomarbeit ein offenes Büro, wo ich mit meinen Ideen und Fragen angehört wurde und mir wertvolle Bücherhinweise und Verarbeitungstipps gegeben wurden. Für deine warmherzige und ideenreiche Hilfe danke ich dir, Christian.

Christine Beer: Für das Durchlesen und Korrigieren meiner Diplomarbeit, was du mir von dir aus und ohne mein Zutun angeboten hast. Ich danke dir dafür.

Kleinheim Christhof: Ich möchte auch Andreas Hofer, dem Leiter des Kleinheim Christhof und meinen ArbeitskollegInnen für ihre Unterstützung danken. Auch hier erlebte ich wertvolle Gespräche und viel Interesse an mir als Person, sowie an meiner Diplomarbeit, was mich zusätzlich motiviert hat.

Anja Reber: Durch deine Arbeit auf dem Christhof und den Reaktionen unserer Kinder und Jugendlichen habe ich viel gelernt. Deine Buchempfehlungen haben mir nur weiter geholfen, weil du es auch so vor gelebt hast. Ich danke dir.

Gott: Herr, ich danke dir, dass du mich so wunderbar und einzigartig gemacht hast. Durch dich bin ich überhaupt erst auf die Idee gekommen, eine solche Arbeit zu schreiben, weil du mich derart verändert hast. Du hast mich nicht nur im Laufe dieser Arbeit begleitet, sondern bist schon mein ganzes Leben an meiner Seite und weist mir den Weg. Deshalb gebührt dir auch mein grösster Dank.

5. 3 Literaturverzeichnis

Die Bibel; Neues Leben (2. Auflage 2008): Hänssler Verlag im SMC Verlag GmBH & Co. KG

Die Bibel; Thomson Studienbibel revidierte Fassung 1984 (5. Auflage 2003): revidierte Fassung 1984 nach Luther: Hänsslerverlag Holzgerlingen

Erikson Erik H.: Identität und Lebenszyklus (1. Auflage 1973): Suhrkamp Taschenbuch Verlag

Frankl Viktor E.: Ärztliche Seelsorge (1987): Frankfurt

Frankl Viktor E.: Der leidende Mensch (1990): München

Grün Anselm: Selbstwert entwickeln – Spirituelle Wege zum inneren Raum (1. Auflage): Verlag Kreuz GmbH

Juul Jesper: Das kompetente Kind (8. Auflage 2007): Rowohlt Taschenbuch Verlag

Juul Jesper: Was Familien trägt (5. Auflage 2007): Kösel Verlag, München

Kohut Heinz: Die Heilung des Selbst (1979): Frankfurt am Main

Längle A.: Was bewegt Menschen? Die existentielle Motivation des Menschen. Vortrag am 3.4. 1992 in Unterägeri/Schweiz. Unveröffentlichtes Manuskript

Lucado Max: Du bist einmalig (2. Auflage 2008): Verlag SCM Hänssler

Marc Ursula: Nicht wie bei Räubers (1. Auflage 2004): D&D Medien

Redaktion Naturwissenschaft und Medizin des bibliographischen Instituts (Hg): Meyers kleines Lexikon Psychologie (1986): Mannheim

Satir Virginia: Selbstwert und Kommunikation: München 1993

Schütz Astrid: Psychologie des Selbstwertgefühls (2. aktualisierte Auflage 1998): Verlag W. Kohlhammer

Schütz Astrid: Psychologie des Selbstwertgefühls - Von Selbstakzeptanz bis Arroganz (2. aktualisierte Auflage 2003): Verlag W. Kohlhammer

Standop J. (2005). Werteerziehung. Einführung in die wichtigsten Konzepte der Werteerziehung. Weinheim und Basel: Beltz.

Warren Rick: Leben mit Vision: Wozu um alles in der Welt lebe ich? (deutsche Ausgabe, 5. Auflage 2004) Verlag Projektion J

Wurmser L.: Die Maske der Scham (1990): Berlin/Heidelberg

Internetseiten:

Universität Zürich: Leitfaden zur sprachlichen Gleichbehandlung von Mann und Frau (2006, 4. aktualisierte Auflage 2011) Available:
http://www.gleichstellung.uzh.ch/themen/sprache/Leitfaden2006_neuesCD_110131.pdf (herunter geladen am: 19. April 2011)

Bilderverzeichnis:

Titelbild: Eigene Fotografie; Wisen, 26. April 2011

Printed by Books on Demand GmbH, Norderstedt / Germany